Poets of
BRAZIL

A Bilingual Selection

Poetas do
BRASIL

uma seleção bilíngüe

Translations, Introduction, and Notes by
traduções, introdução, e notas de

Frederick G. Williams

Brigham Young University Studies
Provo, Utah

Editora da Universidade
Federal da Bahia,
Salvador, Bahia

D1242611

Special thanks to Elaine Zanazi de Almeida (Bahia) for the Portuguese version of the Notes and to Vanessa Fitzgibbon (Utah) for the Portuguese version of the Introduction; the latter, together with Anita Melo, also proofread the original.

Published by Brigham Young University Studies (Provo), Editora da Universidade Federal da Bahia (Salvador). Distributed in the US and elsewhere by BYU Studies (ISBN-10 Paperback 0-85051-701-X, ISBN-13 978-0-85051-701-9). Requests for permission to make copies of any part of the work should be directed to: BYU Studies, 1063 JFSB, Provo, Utah 84602-6720. Contact BYU Studies by email at byu_studies@byu.edu; by phone at (801) 422-6691; or by fax: (801) 422-0232.

Additional copies can be purchased from BYU Bookstore, Provo, UT, 84602.
Tel: 1-800-253-2578; Web: byubookstore.com

Library of Congress Cataloging-in-Publication Data
Williams, Frederick G. 1940–
Poets of Brazil : a bilingual selection / translations, introduction, and notes by Frederick G. Williams / Poetas do Brasil : una seleção bilíngüe / traduções, introdução, e notas de Frederick G. Williams.
p. cm.
Includes bibliographical references and index.
ISBN 0-85051-700-1 (hardcover, USA : alk. paper)—ISBN 0-85051-701-X (pbk., USA : alk. paper)—ISBN 8523203168 (hardcover, Brazil : alk. paper)—ISBN 8523203176 (pbk., Brazil : alk. paper)
1. Brazilian poetry. 2. Brazilian poetry—Translations into English. I. Title: Poetas do Brasil. II. Williams, Frederick G.
PQ9663.E5P64 2004
869.1'0080981—dc22

2004011053

* * *

Agradecimento especial pela versão em português das notas, feita por Elaine Zanazi de Almeida (Bahia), e da introdução, feita por Vanessa Fitzgibbon (Utah). Obrigado também a Vanessa Fitzgibbon, junto com Anita Melo, pela revisão dos poemas em português.

Publicado pela Universidade de Brigham Young (Provo), Editora da Universidade Federal da Bahia (Salvador). Distribuição no Brasil. Editora da Universidade Federal da Bahia (ISBN 85-232-0316-8, ISBN 85-232-0317-6). Rua Barão de Geremoabo s/n Campus de Ondina, Salvador-BA; CEP: 40170-290 Brasil; Tel/Fax: (71) 263-6164; www.edufba.ufba.br; edufba@ufba.br

First edition 2004
Printed in the United States of America
5 4 3 2 1

Sumário

Contents

Período colonial

Colonial Period

República século XX

Twentieth-Century Republic

Prefácio

Esta antologia de *Poetas do Brasil* em edição bilíngüe português-inglês, é a primeira que apresenta uma visão panorâmica da criatividade e beleza poética brasileira. Edições em inglês dos poetas modernistas e contemporâneos existem, nomeadamente *An Anthology of Twentieth-Century Brazilian Poetry*, editada por Elizabeth Bishop e Emanuel Brasil[1] e mais recentemente *Outras Praias: 13 Poetas Brasileiros Emergentes—Other Shores: 13 Emerging Brazilian Poets*, editada por Ricardo Corona e Charles A. Perrone.[2] Até agora porém, nenhum volume incluia poemas dos grandes poetas brasileiros dos períodos anteriores, ou seja, os que escreviam de acordo com os estilos barroco, neoclássico, romântico, parnasiano, e simbolista, que eram sequencialmente populares do século XVII ao XIX.

Como todo leitor reconhece, traduzir é tarefa difícil, um processo cheio de todo tipo de complexidades e escolhas que o tradutor confronta ao tentar ser fiel ao poema original. Estes incluem, mas não se limitam a, significado, uso de linguagem, estilo, tom, forma, rima, metrificação, ritmo, e muitas outras variantes que em geral não encontram uma correspondência de um a um na língua de tradução. Muitos livros já foram publicados e muitas teorias aproveitadas na tentativa de atingir a melhor tradução. Que esta é uma meta que se procura sempre mas sem nunca se realizar plenamente, é demonstrado pelas repetidas traduções dos mesmos textos por muitos diferentes escritores, ao longo dos anos. O poema épico *Os Lusíadas* (1572) de Camões, por exemplo, tem sido traduzido ao inglês em quase cada século desde a sua publicação, conforme a mudança de gosto e estilos; pois uma língua viva nunca é estática. No século XX uma tradução rimada e outra em prosa apareceram. Qual é melhor; qual se aproxima mais ao original?

Eu tenho me esforçado para manter-me fiel não só ao conteúdo, mas também à rima e ao ritmo da metrificação do poema original. Acredito que é na combinação destas três partes que se alcança a maior afinidade com o original, mesmo quando alguns aspectos do significado sejam às vezes per-

Preface

This anthology is the first to present the full range of Brazilian poetic creativity and beauty in English translation. English editions of modernist and contemporary poets exist, most notably *An Anthology of Twentieth-Century Brazilian Poetry,* edited by Elizabeth Bishop and Emanuel Brasil,[1] and the more recent *Other Shores: 13 Emerging Brazilian Poets,* by Ricardo Corona and Charles A. Perrone.[2] Until now, however, no volume has assembled the works of the great poets of Brazil's earlier periods—those who wrote according to the baroque, neoclassical, romantic, Parnassian, and symbolist styles that were sequentially popular from the seventeenth through the nineteenth centuries.

As all readers know, translation is a difficult task fraught with all manner of complexities and choices faced by translators in their attempt to be faithful to the original poem. These include, but are not limited to, meaning, language usage, style, tone, form, rhyme, meter, rhythm, and a host of other variables that most often do not have a one-to-one correspondence in the target language. Many books have been written and many theories have been applied to achieve the "best" translation. That this is an ongoing quest never fully realized is demonstrated by the repeated translations of the same texts by many different writers. Camões's epic poem *The Lusiads* (1572), for example, has been translated anew into English nearly every century since its publication as tastes and interests shift, for living languages are never static. In the twentieth century, both a rhymed as well as a prose rendering appeared. Which is best? Which is closer to the original?

In translating the poems in this volume, I have not only attempted to remain faithful to the content but have also striven to maintain both the rhyme and rhythm of the original poems, believing that it is in this tripartite combination that one can more closely approximate the original, even if some aspects of meaning are at times lost in order to retain the form. In choosing this course, I am following the advice of poet Jorge de Sena, who

didos. Ao escolher este caminho, estou seguindo o conselho do poeta Jorge de Sena que produziu três monumentais volumes de poesia universal em tradução portuguesa, mais um volume cada em tradução de Emily Dickinson, Fernando Pessoa, e Constantino Cavafy. Em relação as suas traduções de Emily Dickinson Sena escreveu:

> No texto português, procurou-se, tão exactamente quanto possível, dar equivalências métricas e rímicas dos originais, traduzindo-os, além disso, verso a verso. Se um ou outro pormenor teve de ser suprimido em sacrifício ao analitismo da nossa língua, nunca foi feita interpretação explicativa da ambiguidade existente no texto inglês. Traduzir não é fazer poesia nossa com a poesia dos outros, mas fazer com a nossa língua o que uma Emily Dickinson teria feito e dito se, em português, experimentasse idêntico poema.[3]

Quer o leitor bilíngüe concorde quer não concorde com cada decisão feita nestas traduções, ser-lhe-á mais agradável e interessante se o leitor fôr, nas palavras de Longfellow, "não um crítico queixoso, mas um compreensivo e bondoso leitor."[4]

Crédito, reconhecimento e agradecimentos vão para os autores ou seus herdeiros e aos editores, que retêm os direitos autorais, que permitiram a publicação destes poemas em português.

Nesta antologia bilíngüe, encontram-se representados mais de 120 poemas, obras de trinta e três poetas. Esses vão desde o século XVI até a presente data, constando de sete poetas vindos do Período Colonial (principalmente do século XVIII), onze do Período Imperial Pós-Independência do século XIX, e quinze do Período Republicano do século XX. Dos poetas incluídos, sete ainda estão vivos e em atividade literária até hoje. A proveniência dos autores é dividida geograficamente quase igualmente entre o nordeste—com a maior concentração vinda dos estados de Maranhão, Bahia e Pernambuco—e região sudeste, onde a predominância de poetas vêm de Minas Gerais, Rio de Janeiro e São Paulo.

As traduções em inglês que aparecem em *Poetas do Brasil* tiveram seu início em 1974 para um curso de Literatura Brasileira em tradução na Universidade da Califórnia em Santa Bárbara. Continuei ensinando este mesmo curso durante os anos que se seguiram, e fui acrescentando outros poetas e poemas pelo decorrer do caminho. Grande parte do material biográfico que aparece nas notas foram obtidos do livro de Antônio Cândido *Formação da literatura brasileira*,[5] assim como de seu trabalho em conjunto com José Aderaldo Castello *Presença da literatura brasileira*.[6]

produced three monumental volumes of world poetry in Portuguese translation, plus one volume each of poems by Emily Dickinson, Fernando Pessoa, and Constantin Cavafy. Regarding his translations of Emily Dickinson, Sena wrote:

> In the Portuguese text, I have attempted, as precisely as possible, to give the metric and rhyming equivalencies found in the originals, this in addition to translating them verse by verse. If one or more details had to be suppressed in sacrifice to the analytics of our language, I never gave an interpretive explanation of the ambiguity extant in the English text. Translation is not to make our own poetry with the poetry of others, but to do with our language what an Emily Dickinson would have done and said if, in Portuguese, she had experienced the same identical poem.[3]

Whether the bilingual reader will agree or not with every choice made in these translations, it will be more enjoyable and interesting if the reader were, in the words of Longfellow, "not a carping critic, but a friendly and sympathetic reader."[4]

This bilingual anthology contains over 120 poems—the works of thirty-three poets, ranging from the sixteenth century to the present. Seven poets are from the colonial period—principally from the eighteenth century, eleven from the independent empire period of the nineteenth century, and fifteen from the republican period of the twentieth century. Seven poets are living and actively writing today. The provenance of the authors is nearly evenly divided geographically between the Northeast—with the highest concentration coming from the states of Maranhão, Bahia, and Pernambuco—and the Southeast, where poets from Minas Gerais, Rio de Janeiro, and São Paulo predominate.

I began the translations that appear in *Poets of Brazil* in 1974 for a class on Brazilian Literature in English Translation at the University of California, Santa Barbara. I have continued to teach that course over the intervening years and have added poets and poems along the way. Much of the biographical material for the notes was taken from Antônio Cândido's *Formação da literatura brasileira*[5] and from his collaborative work with José Aderaldo Castello, *Presença da literatura brasileira.*[6] My thanks to them both for their excellent research and insightful observations and for establishing the Brazilian literary canon, which guided me in the selection of authors and texts to be included in this volume.

With heartfelt gratitude I thank the many faculty members and students who have read the manuscript in class or individually and made comments

Meus agradecimentos se estendem a ambos pelo critério de sua pesquisa, excelentes observações, e por terem estabelecido o cânone literário brasileiro, o qual me guiou na seleção de autores e textos a serem incluídos neste volume.

Gostaria também de agradecer aos muitos membros dos corpos docente e discente que leram o manuscrito em classe ou individualmente, fazendo comentários e sugestões, começando por Jorge de Sena e sua esposa Mécia, que me encorajaram e ajudaram nos primeiros estágios deste projeto. Meus agradecimentos também se estendem à Bookstore Custom Publishing da Universidade da Califórnia de Santa Bárbara, a qual publicou várias das edições preliminares para uso em sala de aula, e depois, para a BYU Bookstore, que fez o mesmo.

Eu devo um especial débito de gratidão a quatro outras pessoas no início do projeto: Sara M. Stohl, que datilografou o manuscrito original; ao Doutor James B. Welch da Universidade de Santa Clara, Professor John Tanner da Universidade de Brigham Young, e à minha esposa, Carol Y. Williams, os quais cuidadosamente revisaram o texto em inglês.

Meu profundo agradecimento aos administradores e equipes editoriais tanto da Universidade de Brigham Young (Provo, Utah, Estados Unidos), como da Universidade Federal da Bahia (Salvador, Bahia, Brasil), pela sua paciência e boa vontade, seus esforços incansáveis, e o seu profissionalismo ao vencerem inúmeros obstáculos inerentes na co-produção dum volume bilíngüe a longa distância que ultrapassa fronteiras nacionais. Estes incluem na BYU: Professor John W. Welch, redator chefe e diretor de publicações da BYU Press, Doris R. Dant, redatora executiva; Nancy Lund e Kirk Shaw, redatores editoriais; e Robert E.M. Spencer, redator de produção. Na Bahia: Professor Manoel Marcos Freire d'Aguiar Neto, ex-Assessor do Reitor para Assuntos Internacionais; Professora Flávia Garcia Rosa, diretora de publicações da EDUFBA.

O meu maior agradecimento, porém, é reservado aos próprios poetas do passado e do presente, que nos enriqueceram através de sua poesia. Portanto, sinceros agradecimentos vão aos poetas e a suas famílias, assim como aos editores, por permitirem que seus trabalhos fossem incluídos. Gostaria de deixar aqui o meu próprio tributo.

Frederick G. Williams
Universidade de Brigham Young

and suggestions, beginning with Jorge de Sena and his wife, Mécia, who encouraged and helped me in the early stages of the project. Thanks go to the University of California, Santa Barbara Bookstore Custom Publishing, which published the various early editions of the work for classroom use, and to the Brigham Young University Bookstore, which did the same later.

A special debt of gratitude is owed to four additional people involved in the early stages of the project: Sara M. Stohl, who typed the original manuscript, Dr. James B. Welch of Santa Clara University, Professor John Tanner of Brigham Young University, and my wife, Carol Y. Williams, who carefully proofread the English text.

My profound thanks to the administrators and editorial teams of both Brigham Young University (Provo, Utah, U.S.A) and the Federal University of Bahia (Salvador, Bahia, Brazil) for their goodwill, patience, untiring efforts, and professional expertise in overcoming innumerable obstacles inherent in producing a collaborative bilingual volume across an ocean and across national boundaries. These include, at BYU, Professor John W. Welch, editor in chief; Doris R. Dant, executive editor; Nancy R. Lund and Kirk Shaw, copy editors; and Robert E.M. Spencer, production editor. In Bahia, Professor Manoel Marcos Freire d'Aguiar Neto, former Assessor of the Chancellor for International Affairs; Flávia Garcia Rosa, director of publications at EDUFBA.

My greatest appreciation, however, is reserved for the poets themselves, past and present who have enriched us all by their poems. My thanks to them and to their families and their publishers for allowing their works to be included. I wish to leave here a brief lyrical tribute of my own.

Frederick G. Williams
Brigham Young University

O jardim do Brasil

Brasil—jardim continente primordial—
Tuas florestas, lagos e rios agora
Explodem com fauna e abundante flora,
Sacramental símbolo celestial.

Mas como naquele, embora gentis,
Quando o casal cuidava a natureza,
Este jardim também tem cobras vis,
Que por lucro destroem esta beleza.

Os pais foram do jardim afastados
Quando o mandamento não foi guardado;
Hoje os símbolos estão reversados,
O jardim da terra seria tirado.

Ó berço de poetas sem igual
Que sigas paraíso terrenal.

Notas

1. Elizabeth Bishop e Emanuel Brasil, eds., *An Anthology of Twentieth-Century Brazilian Poetry* (Middleton, Conn.: Weslleyan University Press, 1972).

2. Ricardo Corona e Charles A. Perrone, eds. *Outras Praias: 13 Poetas Brasileiros Emergentes—Other Shores: 13 Emerging Brazilian Poets,* (São Paulo: Editora Iluminuras, 1998).

3. Jorge de Sena, *80 Poemas de Emily Dickinson* (Lisboa: Edições 70, 1979), 34-35.

4. Atribuido a Longfellow por Joaquim de Sousândrade na introdução a seu *Guesa errante* (Nova Iorque, 1877, p. iii).

5. Antônio Cândido, *Formação da literatura brasileira* (São Paulo: Martins, 1959).

6. Antônio Cândido e José Aderaldo Castello *Presença da literatura brasileira,* 2a ed., 3 vols., (São Paulo: Difusão Européia do Livro, 1966).

The Garden of Brazil

Brazil—primeval garden continent—
Your forests, lakes, great rivers, plains, each stream
Explode with flora and with fauna teem,
A symbol of creation's sacrament.

Now just as there was evil in the first,
When nurturing parents had the garden's care,
This nursery too has serpents vile accursed;
For gain they leave God's beauty scorched and bare.

Our parents were cast out; the land was cursed
When they did not obey the Lord's command;
Today the symbolism is reversed,
The garden could be taken from the land.

This paradise which gave the poets birth
Yet may it live forever on the earth.

Notes

1. Elizabeth Bishop and Emanuel Brasil, eds., *An Anthology of Twentieth-Century Brazilian Poetry* (Middleton, Conn.: Wesleyan University Press, 1972).

2. Ricardo Corona and Charles A. Perrone, eds. *Outras Praias: 13 Poetas Brasileiros Emergentes—Other Shores: 13 Emerging Brazilian Poets* (São Paulo: Editora Illuminuras, 1998).

3. Jorge de Sena, *80 Poemas de Emily Dickinson* (Lisbon: Edições 70, 1979), 34–35.

4. Attributed to Longfellow by Joaquim de Sousândrade in the introduction to his *Guesa errante* (New York, 1877, p. iii).

5. Antônio Cândido, *Formação da literatura brasileira* (São Paulo: Martins, 1959).

6. Antônio Cândido and José Aderaldo Castello, *Presença da literatura brasileira*, 2d ed., 3 vols. (São Paulo: Difusão Européia do Livro, 1966).

Imagens poderosas e palavras suaves
uma visão geral da literatura brasileira em seu contexto cultural

Exatamente quando a literatura brasileira deixou de ser uma extensão das letras portuguesas e se tornou distinta e separada com sua própria identidade, é uma questão de opinião. Os românticos acreditavam que eles haviam atingido sua independência literária em meados do século XIX; os modernistas do século XX, estavam certos de que esta independência ainda não havia sido atingida e nomeiam-se a si mesmos como responsáveis pelo desempenho de tal tarefa. Mas se esta autonomia literária foi atingida cedo ou tarde, os brasileiros têm, através de seus quinhentos anos de história— e com orgulho justificado—continuamente produzido poetas e escritores de alta qualidade, muitos dos quais desafiaram os melhores em Portugal e também no mundo.

Século XVI

Descoberto em 1500 pela esquadra portuguesa de Pedro Álvares Cabral que tinha como destino as Índias, o primeiro século do Brasil não foi de grandes realizações literárias, mas sim de exploração. Sua colonização litorânea, feita de forma dispersa, era composta de índios de língua Tupi-Guarani já aculturados, missionários católicos, aventureiros, negociantes de pau-brasil e marinheiros viajantes provenientes de vários países europeus. Dois marinheiros náufragos portugueses se tornaram—através de suas relações poligâmicas—os chefes de grupos indígenas e estabeleceram duas importantes cidades brasileiras: a Bahia no nordeste e São Paulo no sudeste.

Um livro sobre o Brasil se tornou muito popular na Europa: Hans Staden, um marinheiro alemão também náufrago, publicou suas experiências como prisioneiro dos índios em seu livro *Duas viagens ao Brasil,* o qual se tornou um best-seller traduzido por toda a Europa. Entretanto, durante o século XVI, a única figura entre os colonizadores que produziu um corpus que pode ser dignamente incluída como parte da literatura brasileira, foi o

Powerful Images and Tender Words

An Overview of Brazilian Literature in Its Cultural Context

Precisely when Brazilian literature ceased to be an extension of Portuguese letters to become distinct and separate in its own right is a matter of opinion. The romantics thought they had achieved literary independence in the mid-nineteenth century; the modernists of the twentieth were sure that they had not and set themselves the task of achieving it. But whether theirs has always been an autonomous literature or not, Brazilians have, throughout their five-hundred-year history—and with justifiable pride—continuously boasted of fine poets and writers, many of whom rivaled the best in the mother country and in the world.

Sixteenth Century

The India-bound fleet of Pedro Álvares Cabral first brought the Portuguese to Brazil in 1500, and the following century was one of exploration rather than literary accomplishment. Brazil's sparse, coastal settlements were composed of acculturated Tupi-Guarani-speaking Indians, Catholic missionaries, adventurers, traders in brazilwood, and transient sailors from various European countries. Two shipwrecked Portuguese sailors became—through their polygamous relationships—the literal father-chiefs of large Indian groups and laid the foundation for two important cities, Salvador, Bahia in the Northeast and São Paulo in the mid-South.

One travel book on Brazil became immensely popular in Europe: Hans Staden, a shipwrecked German sailor, published his experiences as an Indian hostage, and his *Travels* became a best seller in translations all over Europe. During the sixteenth century, however, the only figure among the permanent settlers to have produced anything that might properly be included in a broad corpus of Brazilian literature was the Jesuit missionary José de Anchieta, who wrote polyglot plays and religious poems for the edification and entertainment of his neophyte Guarani Indian charges.

missionário jesuíta José de Anchieta, o qual escreveu peças teatrais e poemas em diversas línguas de conteúdo religioso para a edificação e entretenimento de seus neófitos índios guaranis que estavam sob seus cuidados. O processo de colonização, exceto no nordeste, foi lento em todo Brasil; nenhum ouro que servisse como estímulo foi encontrado, como havia acontecido no México e no Peru e as artes acabaram por ficar para trás.

Século XVII

Pelo século XVII, a cana de açúcar havia substituído o pau-brasil como primeiro produto da economia e os escravos negros, em vez de índios, eram então utilizados para a mão-de-obra. Com o estabelecimento de colônias permanentes, o quadro artístico brasileiro começa a melhorar. Ainda não havia grandes cidades, mas Salvador, também chamada de Bahia—a capital do Brasil—era uma cidade portuária em franco desenvolvimento. A elite brasileira era composta pelos senhores de engenho que viviam em relativo conforto em suas majestosas propriedades no interior do nordeste. Estas consistiam de vastas plantações auto-suficientes, senzalas, e casas grandes (que se assemelhavam aos castelos feudais) que incluíam em seus limites, entre outras coisas, uma capela e uma biblioteca, ambas de tamanhos consideráveis.[1]

Na cidade da Bahia viviam os representantes do governo, nobres, juízes, suboficiais, coletores de impostos, inspetores, escrivãos, sacerdotes, soldados, marinheiros, cortesãos, mulatos e escravos negros. De uma maneira geral, não era um grupo artisticamente refinado, e a classe social mais alta tinha muito pouco para fazer, exceto freqüentar à igreja e às reuniões sociais, ou ainda cuidar da vida particular de seus vizinhos.

Artisticamente, o estilo barroco, importado de Portugal e da Espanha, estava em plena atividade. Este foi um período caracterizado tanto pela sua simetria como pelo seu excesso de ornamento; pelos seus pecadores assim como pelos seus santos (sendo muitas vezes a mesma pessoa), e pela libertinagem e intriga na sede do poder político, assim como pelo seu fervor religioso e atenção às questões éticas e morais. A hipocrisia, assim como a hipérbole, eram sem dúvida alguma, um estilo de vida.

Deste período, duas figuras se destacam. A primeira e mais imponente, é a do jesuíta e diplomata, Padre Antônio Vieira (1608–1697), cuja longa vida virtualmente se estendeu sobre todo aquele século e dominou o mundo português em ambos lados do Atlântico. Ele atuou como emissário pessoal do rei para as cortes da Europa durante os perigosos e turbulentos anos de

The process of colonization, except in the Northeast, was slow in Brazil; no gold was found initially to spur its growth as in Mexico and Peru, and the arts lagged far behind.

Seventeenth Century

By the seventeenth century, sugarcane had replaced brazilwood as the number one economic staple, and black slaves, rather than Indians, now made up the labor force. With the establishment of permanent settlements, conditions that promoted the arts had begun to take hold. There were still no large cities, but Salvador, also called Bahia—the capital of Brazil—was a bustling port town. Brazil's elite were the *senhores de engenho*, sugarcane plantation owners who lived in relative luxury on their grand estates in the interior of the Northeast. These were largely self-sufficient plantations, and the "big houses" (more like feudal castles) included, among other things, a rather large chapel and library within their walls.[1]

In the city of Bahia lived the government representatives, nobles, judges, petty officials, tax collectors, inspectors, clerks, priests, soldiers, sailors, courtesans, mulattos, and black slaves. The higher class of people had little to do except attend church and social gatherings or spy on each other's private life. On the whole, it was a raunchy lot.

Artistically, the baroque style imported from Portugal and Spain was in full swing. The baroque period was characterized as much by its symmetry as by its excessive ornateness, by its sinners as well as its saints (more often than not the same person), and by its freewheeling debauchery and intrigue at the seat of power as well as its religious fervor and attention to moral and ethical questions. Hypocrisy, no doubt, was as much a way of life as was hyperbole.

From this milieu, two figures stand out. The first and most imposing was the Jesuit priest-diplomat, Father Antônio Vieira (1608–1697), whose long life virtually spanned the century and dominated the Portuguese world on both sides of the Atlantic. He served as the king's personal envoy to the courts of Europe during the hectic, dangerous years between 1640 and 1668, when Portugal was reasserting her independence from Spain. Pope Clement X (1670–1676) is credited with saying of Vieira, "We should greatly praise and give thanks to God that this man is a Catholic; for if he were not, he could cause grave problems for the church of God." Vieira's sermons and letters fill sixteen volumes.

1640 a 1668, quando Portugal procurava afirmar sua independência da Espanha. O Papa Clemente X (1670–1676) teria dito a respeito de Vieira: "Nós devemos glorificar e agradecer a Deus que este homem é católico; caso contrário, ele poderia causar graves problemas para a igreja de Deus." Os sermões e cartas de Vieira preenchem 16 volumes.

A segunda grande figura do século XVII, é o poeta de língua afiada, Gregório de Matos (1636–1696), cuja poesia se encontra representada neste volume. Nascido no Brasil, educado em Portugal e exilado à África, Matos se tornou um malcontente, que criticava a tudo e a todos com sua poesia.

Durante a primeira metade do século XVII, parte do nordeste do Brasil esteve ou sobre o controle holandês, ou sobre a sua iminente ameaça. O Governador Maurício de Nassau por algum tempo conseguiu, com grande sucesso, expandir a colônia holandesa em Pernambuco, aumentando seu prestígio com a presença de cerca de 30 estudiosos e especialistas, incluindo dois excelentes pintores: Albert van Eckhout (discípulo de Rembrandt) e Franz J. Post. Sendo os primeiros artistas a retratar em tela as várias cenas do Novo Mundo, seus trabalhos serviram de inspiração a algumas das mais renomadas tapeçarias Gobelin de Paris. Entre os cidadãos da cidade Maurícia, encontravam-se ex-portugueses judeus, cujos ancestrais haviam emigrado para Holanda no final do século XV. Estes se juntaram com cristãos marranos[2] no Brasil para estabelecer a primeira comunidade judaica e sinagoga das Américas. Quando os holandeses foram expulsos pelos portugueses em 1654, um grupo de 23 destes judeus, buscou refúgio junto ao governador da Nova Holanda, Peter Stuyvesant, tornando-se assim, não só os primeiros colonizadores judeus da América do Norte, mas também os primeiros portugueses.[3] No seu cemitério que data de 1655, ainda existente em Nova Iorque, encontram-se nas lápides mortuárias algumas inscrições em português, ainda legíveis.

Século XVIII

Parte da população e do poder se desloca do nordeste para o sudeste do país durante os primeiros anos do século XVIII. Grandes quantidades de ouro e pedras preciosas haviam sido descobertas no atual estado de Minas Gerais e que se divulgava cerca de 1695. A quantidade descoberta foi tão grande que, durante o século XVIII, o Brasil forneceu cerca de 80% do suprimento de ouro do mundo.[4]

The second major figure of the seventeenth century is the sharp-tongued poet, Gregório de Matos (1636–1696), some of whose poems are included in this volume. Born in Brazil, educated in Portugal, and exiled to Africa, Matos became a malcontent who criticized everyone and everything in his poetry.

During the first half of the seventeenth century, the northeastern portion of Brazil was either under Dutch control or in imminent danger of becoming so. Governor Maurice of Nassau for a time successfully expanded Maurisstad, the Dutch colony in Pernambuco, enhancing its prestige with the presence of some thirty scholars and specialists, including two gifted painters: Albert van Eckhout (a pupil of Rembrandt) and Franz J. Post. As the first artists to capture on canvas the varied scenes of the New World, their works inspired some of the renowned Gobelin tapestries of Paris. Citizens of Maurisstad included former Portuguese Jews, whose ancestors had fled to the Netherlands at the end of the fifteenth century. These joined with Marrano Christians[2] in Brazil to establish the first Jewish community and synagogue in the Americas. When the Dutch were expelled by the Portuguese in 1654, one group of twenty-three found refuge in Governor Peter Stuyvesant's New Netherlands, thus becoming not only the first Jewish settlers in North America, but the first Portuguese as well.[3] Their cemetery in New York dates from 1655, and some of the Portuguese inscriptions on the headstones are still legible.

Eighteenth Century

A population and partial power shift from the Northeast to the Central West occurred during the early part of the eighteenth century. Vast quantities of gold and precious stones had been discovered in the area now called Minas Gerais (General Mines), and the discoveries were widely publicized by 1695. So much gold was found, in fact, that during the eighteenth century Brazil provided approximately 80 percent of the world's gold supply.[4]

Since this sprawling land was virtually unsettled, the Portuguese government tried rather unsuccessfully to cordon off the area to all but official residents: black slaves to work the mines, commercial suppliers of food and equipment, the military for protection, and government officials to administer the bureaucracy. Still, the flow of contraband gold and diamonds was astounding: the world's first modern gold rush was on. No large cities were built, but a number of towns sprang up around the mining sites, the most

Uma vez que todo este território estava literalmente descolonizado, o governo português tentou, sem grande sucesso, isolar a área e limitá-la apenas àqueles que fossem residentes oficiais: escravos negros que trabalhassem nas minas, comerciantes fornecedores de comida e equipamento, militares para a segurança e oficiais do governo responsáveis pela administração burocrática. Ainda assim, o fluxo de contrabando de ouro e de diamantes era estrondoso: a primeira grande corrida moderna do ouro havia começado. Nenhuma cidade grande foi construída, mas um certo número de cidades se espalhou por volta da região onde se encontravam as minas, sendo a mais importante Vila Rica, a capital, hoje conhecida como Ouro Preto, e que em seu apogeu abrigou uma população de 100 mil pessoas.[5] Uma vez que as ordens religiosas não foram oficialmente permitidas na área, irmandades leigas atendiam aos residentes em suas necessidades sociais e religiosas, da mesma forma como faziam em Portugal. Havia organizações para quase todas as misturas raciais e classes sociais, e umas concorriam com as outras na tentativa de se imporem e construírem o que acreditavam ser a igreja mais refinada. A arquitetura e estilo artístico que prevalecia na época era o dinâmico e delicado rococó, utilizando em sua elegância, diversos tipos de materiais: madeira, estuque, metal, espelhos, tapeçarias, dentre outros. A sociedade culturalmente refinada, mas essencialmente fechada de Minas Gerais, estava numa posição para criar sua própria expressão artística, e possuía tanto os meios como o talento para tal. Entre os vários artistas da época, o que mais se destaca e que é também considerado o maior artista colonial de toda América Latina, foi o escultor mulato, João Francisco Lisboa, mais conhecido pelo apelido de O Aleijadinho.[6]

Além da arquitetura e da escultura, outras atividades artísticas também procuradas foram a música e a literatura. Apenas recentemente foi possível apreciar composições dessa época quando as partituras originais, há muito dadas por perdidas, foram descobertas em 1954. Na literatura foi reconhecido que os melhores poetas da língua portuguesa ou eram brasileiros, ou moravam no Brasil, e não em Portugal. Tomás Antônio Gonzaga, Cláudio Manuel da Costa e Silva Alvarenga, para citarmos os mais importantes, foram seguidores do arcadismo, manifestação brasileira do estilo neoclássico, e adotaram pseudônimos bucólicos como membros das academias literárias. Suas obras apresentavam uma agradável mistura de versos altamente trabalhados e complexos, usados para expressar temas simples e meditativos como o amor, a natureza, a beleza e a paz. Em Minas Gerais durante o século XVIII, a combinação dos talentos de mestres da arquitetura, escultores,

important of which was the capital, Vila Rica, known today as Ouro Preto, which in its heyday swelled to a population of one hundred thousand.[5] Since even the religious orders were not officially permitted into the area, lay brotherhoods administered to the residents' social and religious needs just as they had in Portugal. Organizations reflecting nearly every racial blend and social standing competed with each other in an attempt to erect the finest church. The architecture and artistic style then prevalent was the dynamic yet delicate Rococo, with its elegant use of diverse materials such as wood, stucco, metal, mirrors, and tapestries. The culturally refined but essentially closed society of Minas Gerais was in a position to create its own artistic expression, and it had both the wealth and the talent to do it. The finest among the artists of Minas Gerais is Latin America's greatest colonial sculptor, the mulatto João Francisco Lisboa, better known by his nickname, O Aleijadinho (The Little Cripple).[6]

In addition to architecture and sculpture, music and literature were actively pursued. Only relatively recently has it been possible to appreciate the music of that time, as the original scores, long thought destroyed, were not discovered until 1954. In literature, however, the finest poets in Portuguese at that time were from or in Brazil, not Portugal. Tomás Antônio Gonzaga, Cláudio Manuel da Costa, and Silva Alvarenga, to name the most important, all followed the Arcadian, neoclassical style of the day and adopted pastoral names as members of literary academies. Theirs was a pleasant blend of highly polished and complex verse forms used to express simple and restful themes such as love, nature, beauty, and peace. In eighteenth-century Minas Gerais, the combined talents of master architects, sculptors, musicians, writers, and to a lesser extent painters resulted in perhaps the finest and certainly the most comprehensive flowering of art in all of Latin America's colonial history.

Two epic poets, not residents of Minas, round out the literary picture of the eighteenth century: Basílio da Gama, whose *O Uraguai* was translated into English by Sir Richard Burton,[7] and Santa Rita Durão, who, although born in Brazil, never lived there after his childhood. Written in blank verse, *O Uraguai* tells of the combined Portuguese-Spanish expeditionary force sent to subdue the seven Jesuit-run Indian missions that had refused to shift their allegiance from Spain to Portugal, when the boundary between the two nations was moved, according to the terms in the 1750 Treaty of Madrid. The agreement, which nearly doubled the size of Brazil, required Portugal to vacate Colônia do Sacramento on the eastern side of the River Plate and

músicos, escritores e pintores, resultou no que seria talvez o maior, e certamente o mais compreensivo, florecimento artístico de todo o período colonial da América Latina.

Dois poetas épicos, não residentes em Minas, completam o panorama literário do século XVIII brasileiro: Basílio da Gama, cuja obra *O Uraguai* foi traduzido para o inglês pelo Sir Richard Burton,[7] e Santa Rita Durão que, apesar de nascido no Brasil, nunca chegou a morar lá depois de sua infância. Escrito em verso branco, *O Uraguai* conta a história das forças expedicionárias Luso-Hispânicas que haviam sido enviadas em conjunto, para subjugar as sete missões jesuítas construídas para os índios, os quais resistiam a transferência da soberania espanhola para a portuguesa quando a fronteira entre as duas nações foi mudada, de acordo com o Tratado de Madri em 1750. O acordo, que praticamente dobrou o tamanho do Brasil, requeria que Portugal abandonasse a Colônia do Sacramento, que se localizava na banda oriental do Rio da Prata, em favor da Espanha. *Caramuru*, de Santa Rita Durão, conta a história de Diogo Álvares Correia (o Caramuru); o marinheiro português náufrago que se tornou o patriarca de uma vasta família indígena na Bahia.

O clima artístico, relativamente livre de Minas Gerais, chegou a um drástico fim em 1789, quando muitas das grandes figuras literárias da época—alguns dos quais possuíam também altos cargos no governo—foram presos como conspiradores numa tentativa revolucionária que visava a independência de Minas de Portugal. Neste contexto, a figura cuja voz mais se destacou, foi a de Joaquim José da Silva Xavier, conhecido pelo seu apelido de Tiradentes, um barbeiro-dentista que utilizou a tradução da Constituição dos Estados Unidos da América como seu guia. Apesar da assim chamada revolução nunca ter saído de seus planos teóricos, a rápida e decisiva ação da monarquia portuguesa conseguiu, com grande êxito, silenciar por alguns anos, quaisquer outros pensamentos de independência. Tiradentes foi executado e esquartejado; Cláudio Manuel da Costa cometeu suicídio em sua cela da prisão enquanto aguardava julgamento; Silva Alvarenga, apesar de não estar em Minas Gerais na ocasião, foi acusado de atividades revolucionárias similares no Rio de Janeiro e ficou três anos na prisão; Alvarenga Peixoto e Tomás Antônio Gonzaga foram ambos exilados pelo resto de suas vidas para a África portuguesa: o primeiro para Angola, onde morreu logo depois de sua chegada, e o segundo para Moçambique, onde se casou e prosperou.

turn it over to Spain. Santa Rita Durão's *Caramuru* recounts the story of Diogo Álvares Correia (Caramuru), the shipwrecked Portuguese sailor turned patriarch of a vast Indian family in Bahia.

The relatively free artistic climate of Minas Gerais came to an abrupt end in 1789 when many of the major literary figures—some of whom were also high-ranking government officers—were arrested as co-conspirators in a revolutionary plot to declare the independence of Minas from Portugal. The most vocal advocate was Joaquim José da Silva Xavier, known by his nickname Tiradentes (Teeth Puller), a barber-dentist who used a translation of the Constitution of the United States as his guide. Although the so-called revolution never went beyond mere rhetoric, the swift and decisive action of the Portuguese monarchy successfully squelched any further thoughts of independence for a few years. Tiradentes was executed and then drawn and quartered; Cláudio Manuel da Costa committed suicide in his jail cell while awaiting trial; Silva Alvarenga, although not in Minas at the time, was implicated in similar revolutionary activities in Rio and spent three years in prison; Alvarenga Peixoto and Tomás Antônio Gonzaga were both exiled for life to Portuguese Africa; the former to Angola, where he died soon after arriving, the latter to Mozambique, where he married and prospered.

Nineteenth Century

When the nineteenth century dawned, the gold had long since run out in Minas Gerais, and the focus of power shifted to Rio de Janeiro, where, due to the invasion of Portugal by Napoleon's troops under General Junot, the future King John VI of Portugal[8] had removed himself and established his court. Arriving in January of 1808 with fifteen thousand courtiers, the national treasury, and the royal library (which included two Moguntiae Bibles of 1462, both of which have remained in Brazil and can be found to this day at the National Library of Rio de Janeiro), John VI quickly instituted reforms and improvements in the heretofore sleepy, provincial town. He built an aqueduct, brought the first printing press, inaugurated the first newspaper, and established schools. He also opened the ports to foreign commerce, and new ideas began to flow into the land. These measures would precipitate not only unparalleled growth and self-reliance but Brazil's eventual independence.

In 1816, Brazil became a kingdom of its own, and the newly crowned John VI now ruled the United Kingdoms of Portugal, Brazil, and the

Século XIX

Quando desponta o século XIX, o ouro de Minas já havia se esgotado e em pouco tempo o centro do poder mudou para o Rio de Janeiro para onde, devido à invasão de Portugal pelas tropas napoleônicas comandadas pelo General Junot, o futuro Rei Dom João VI de Portugal[8] havia se transferido e estabelecido sua corte. Chegando ao Brasil em janeiro de 1808, trazendo consigo uns 15 mil cortesãos, o tesouro nacional e a biblioteca real (incluindo duas Bíblias Magúncia de 1462, ambas as quais permanecem até hoje em posse brasileira na Biblioteca Nacional do Rio de Janeiro), o Príncipe Regente João, rapidamente instituiu reformas e melhorias naquela cidade que até então era vista como adormecida e provinciana. Ele mandou construir um aqueduto, trouxe a primeira prensa para tipografia, inaugurou o primeiro jornal e estabeleceu escolas. Ele também abriu os portos para o comércio exterior e novas idéias começaram a fluir pela terra brasileira. Estas medidas vieram a acelerar, não só um crescimento sem precedentes, mas também uma autoconfiança e a eventual independência brasileira.

Em 1816, o Brasil já se tornara um reino próprio e o recém coroado Dom João VI governa então o Reino Unido de Portugal, Brasil e Algarves. Desta forma, o Rio de Janeiro passa a ser então a capital, não só do Brasil, mas de todo o império português, o qual, começando no século XV, havia se espalhado pela África, Índia, Pérsia, Oceânia, Indonésia, Ásia e metade da América do Sul.

Depois da expulsão de Napoleão da Europa em 1815, não havia mais qualquer razão política para a permanência de D. João VI no Brasil; no entanto ele permanece até 1821, quando então se torna claro para ele que poderia perder Portugal para as forças absolutistas, caso não retornasse imediatamente. Uma vez de volta, a poderosa corte portuguesa tentou fechar novamente os portos brasileiros para o comércio exterior, e procurou fazer com que o Brasil voltasse à condição de colônia. Ao invés de se submeter a tais demandas—e seguindo o conselho dado pelo seu próprio pai—Pedro, filho mais velho de D. João VI e príncipe regente no Brasil, declara a independência brasileira de Portugal em 7 de setembro de 1822 e logo após é coroado como o Imperador Dom Pedro I do Brasil.

O reinado de onze anos de Dom Pedro foi marcado por tumultos, uma vez que a opinião pública se voltou lentamente contra ele: ele era um português nato e com a morte de seu pai, se tornaria o herdeiro ao trono português e os brasileiros se opunham à volta da união com Portugal novamente.

Algarves. Rio de Janeiro was the capital not only of Brazil but of the entire Portuguese empire—an empire that, beginning in the fifteenth century, had spread to Africa, India, Persia, Oceania, Indonesia, Asia, and half of South America.

After Napoleon was checked in Europe in 1815, there was no political reason for John VI to remain in Brazil; nevertheless, he tarried until 1821, when it became abundantly clear to him that he might lose Portugal to absolutist forces if he did not return. Once John VI was home, the powerful Portuguese parliament tried to close Brazil's ports to foreign trade again and sought to return the country to its former colonial standing. Rather than submit to these demands—and at the suggestion of his father "should it prove necessary"—Pedro, John VI's eldest son, who had remained in Brazil as the King's regent, declared the country's independence from Portugal on September 7, 1822, and soon thereafter was crowned Emperor Dom Pedro I of Brazil.

Dom Pedro's reign of eleven years was tumultuous, since public opinion steadily turned against him: he was Portuguese born, and he was also heir to the Portuguese throne. Brazilians did not want to be joined to Portugal again. Moreover, Dom Pedro's foreign policies had not gone well (for example, he lost his southernmost state, which became the independent country of Uruguay), and his amours became an ever-increasing embarrassment, especially his open liaison with the Marchioness of Santos, who bore him several children. As a result of these actions, Dom Pedro abdicated his Brazilian throne in 1831 in favor of his five-year-old son (Dom Pedro II) and sailed for Portugal to defend liberalism and his daughter's right to the Portuguese throne. Dom Pedro I of Brazil became, for a short time, Dom Pedro IV of Portugal—just long enough for him to abdicate in favor of his daughter, who later did become Maria II of Portugal.

Unlike the Spanish empire in America, Brazil was kept from splitting asunder by a powerful regency, which ruled until such time as the young monarch was old enough to reign in his own stead. Through the very careful and thorough tutoring by the sage José Bonifácio (often likened to Benjamin Franklin), Dom Pedro II became, in time, one of the most enlightened monarchs of the period. He guided his country skillfully for half a century,[9] and under his patronage the arts flourished. France, rather than Portugal, became the artistic and literary inspiration for most of Brazil's aspiring writers.

Tampouco sua política externa foi próspera (por exemplo, durante seu reinado, o Brasil perdeu seu estado do extremo sul, que acabou se tornando um país independente, o Uruguai); além disso tudo, seus casos amorosos começaram e se tornar cada vez mais um motivo de constrangimento, especialmente sua relação aberta com a Marquesa de Santos, com a qual teve muitos filhos. Como resultado destas ações, Dom Pedro abdicou seu trono brasileiro em 1831, a favor de seu filho de cinco anos (Dom Pedro II), e voltou para Portugal para defender o liberalismo e o direito de sua filha ao trono português. Dom Pedro I do Brasil tornou-se, por pouco tempo, Dom Pedro IV de Portugal, apenas o suficiente para abdicar em favor de sua filha, a qual mais tarde se tornaria Maria II de Portugal.

Ao contrário do império espanhol no resto da América, uma regência poderosa impediu que o Brasil se fragmentasse, e governou até que o jovem monarca pudesse assumir suas responsabilidades sobre seu reino. Através de um tutoramento cuidadoso e meticuloso feito pelo sábio José Bonifácio (muitas vezes comparado a Benjamin Franklin), Dom Pedro II se tornou, no devido tempo, um dos monarcas mais esclarecidos de sua época, e guiou seu país habilidosamente por meio século.[9] Sob o seu patrocínio, as artes brilharam e a França, ao invés de Portugal, se torna a fonte de inspiração artística e literária para a maior parte dos aspirantes a escritor.

O estilo artístico então em voga era o romantismo, cujos temas preferidos davam ênfase às cores locais e ao nacionalismo. Enquanto a Europa idealizava seus cavaleiros medievais e recontava suas façanhas heróicas, o Brasil, que não possuia uma Idade Média, mas ainda em busca de suas origens nacionais, inventou um passado literário onde o índio idealizado, substituiu o lugar do cavaleiro medieval europeu. Indianismo, amor, sentimentalismo, a pátria, os direitos do homem e o poder e beleza da natureza, tornam-se então os temas favoritos. Ao se aproximar o fim deste período, a poesia abolicionista também se torna popular e ajuda a eliminar a escravidão em 1888. José de Alencar tentou retratar em seus romances, todas as diferentes regiões brasileiras, seus povos e períodos históricos.

Houve três gerações de poetas românticos brasileiros e todos pareceram predispostos a morrer jovens, mas não antes de produzirem algumas composições excepcionais. Entre eles encontramos Gonçalves Dias, considerado por muitos o maior poeta brasileiro, Sousândrade, Álvares de Azevedo, Junqueira Freire, Casimiro de Abreu, Fagundes Varela e Castro Alves. Uma política estável, o patrocínio do Imperador, e uma afluência baseada numa economia escravocrata, produziram um público leitor de

The artistic style in vogue was romanticism, whose preferred themes placed emphasis on local color and nationalism. While Europe idealized her medieval knights and recounted their tales of valor, Brazil, with no corresponding Middle Ages, yet searching for its national origins, invented a literary past by substituting an idealized Guarani Indian to act the part of the knight. Indianism, love, sentimentality, country, the rights of man, and the power and beauty of nature became favorite themes. Toward the close of the period, abolitionist poetry also became popular and helped bring about the end of slavery in 1888. José de Alencar attempted to portray all of Brazil's distinctive regions, peoples, and historical periods in his novels.

Three generations of romantic poets all seemed predisposed to die young, but not before producing some exceptional lines; these poets included Gonçalves Dias, considered by many to be Brazil's greatest poet, Sousândrade, Álvares de Azevedo, Junqueira Freire, Casimiro de Abreu, Fagundes Varela, and Castro Alves. Political stability, courtly patronage by the Emperor, and affluence based on a sugarcane/slave economy, produced a sizable and elite reading public eager to indulge itself in all forms of art. Regional writers exchanged their works as might the writers from different countries. Rio de Janeiro was the cosmopolitan center, the seat of imperial power, and like all capitals it drew both the finest and the worst kinds of citizens to the court.

Romantic idealization and sentimentality gave way to realism and naturalism in the novel toward the close of the century. Machado de Assis, Brazil's greatest novelist and a writer of unquestioned universal stature, unmasked in his masterpieces the human foibles found in his countrymen. Other gifted novelists followed, among them Aluízio Azevedo, Lima Barreto, and Raul Pompéia. Poets were attracted towards two major literary movements: Parnassianism—with its preference for classical themes, fixed poetic forms, and highly polished lines—and symbolism, where content was valued over form even though, in the last analysis, content might turn out to be ineffable, with the author merely suggesting his subject through sometimes complex symbols chosen for their color and musicality. Symbolists often employed *synaethesia,* or the transmutation of senses (hearing with the eyes or seeing with the ears) to produce new metaphors such as a "blue note," for example. Those poets attracted to Parnassianism included such writers as Raimundo Correia, Alberto de Oliveira, Vicente de Carvalho, and the master, Olavo Bilac. Symbolist poets included Alphonsus de Guimaraens, Augusto dos Anjos, and the recognized leader, Cruz e Sousa.

tamanho considerável, ávidos em satisfazer-se em todas as formas de arte possíveis. Escritores regionais trocavam seus trabalhos entre si, da mesma forma que a maioria dos autores de países estrangeiros o fazem. O Rio de Janeiro se tornou um centro metropolitano, o trono do poder imperial, e como a maioria das capitais, atraiu os melhores e piores cidadãos para a corte.

No final do século, a idealização e o sentimentalismo cederam lugar aos romancistas realistas e naturalistas. Machado de Assis, o maior romancista brasileiro e escritor de inquestionável valor universal, desmascara em suas obras-primas, as fraquezas do ser humano, encontradas em seus concidadãos. Outros excelentes romancistas o seguem, entre eles Aluísio Azevedo, Lima Barreto e Raul Pompéia. Os poetas da época foram atraídos por dois grandes movimentos literários: o Parnasianismo—com sua preferência por temas clássicos, formas poéticas fixas e versos altamente polidos—e o simbolismo, onde o conteúdo prevalece sobre a forma, ainda que, em última análise, aquele fosse inefável, onde o autor meramente sugeria seu assunto, muitas vezes através de símbolos complexos, escolhidos por sua cor ou musicalidade. Os simbolistas muitas vezes utilizavam a *sinestesia,* ou a transmutação de sentidos (ouvir com os olhos ou ver com os ouvidos), para gerar novas metáforas, tais como uma "nota azul", por exemplo. Entre os poetas atraídos ao Parnasianismo, podemos destacar autores como Raimundo Correia, Alberto de Oliveira, Vicente de Carvalho e o mestre, Olavo Bilac. Entre os poetas simbolistas, encontramos Alphonsus de Guimaraens, Augusto dos Anjos e seu reconhecido líder, Cruz e Sousa.

Este também foi um período de mudanças políticas. Não importa o quão benevolente tenha sido, a monarquia era vista ainda como um vestígio do passado de um Brasil colonial e isso era considerado como um motivo de constrangimento. Além do mais, a monarquia era considerada um dos principais motivos de impedimento para a imigração européia, uma vez que sua política, claramente favorecia aos fazendeiros nordestinos, em detrimento a uma pequena, mas crescente classe média urbana, interessada na modernização e industrialização do país. Da mesma forma, os militares estavam insatisfeitos. Tendo desfrutado de prestígio e poder durante a Guerra do Paraguai (1865–1870), seus principais líderes agora sentiam-se desprezados pelo Imperador e até mesmo humilhados pelos nobres. Grupos republicanos começaram a se formar por toda a nação, e defensores do positivismo pregavam abertamente suas doutrinas políticas de progresso científico.[10]

The end of the nineteenth century was also a period of political change. No matter how benevolent it might have been, the monarchy was now seen as a vestige of Brazil's colonial past and as such was thought of as something of an embarrassment. It was also considered the major impediment to European immigration, for the monarchy clearly favored the northeastern planters to the detriment of a small but growing urban middle class interested in modernizing and industrializing the nation. The military too, was dissatisfied. Having enjoyed prestige and power during the Paraguayan War (1865–1870), its principals now felt slighted by the emperor and even humiliated by the nobles. Republican groups began to form all over the nation, and advocates of positivism openly preached their political doctrines of scientific progress.[10]

The stage for change was set when the emperor offended the two major groups that traditionally lent their support to the monarchy: the northeastern plantation owners and the Catholic Church. The former were upset that, with no indemnification, their slaves had been freed by Dom Pedro II's daughter Isabel, acting as regent in 1888. The Church (whose priests in Brazil were appointed by the monarch) was angered by the emperor, who refused to abide by a papal edict demanding that priests not be Masons. On November 15, 1889, the army, under Marshal Deodoro da Fonseca, deposed Emperor Dom Pedro II and declared Brazil a republic.

A period of chaos followed as young, inexperienced men took over the government. In the end, the new government decided that Brazil was not quite ready for democracy nor could it support industrialization and must therefore return to its traditional, agricultural economic base. Many who were leaders under the monarchy were pressed back into service. But instead of power resting with the northeastern sugarcane families, a new oligarchy was formed around coffee. An arrangement was worked out whereby the coffee barons of São Paulo and the cattlemen of Minas Gerais would alternate the presidency between them. As world coffee prices rose, so did Brazilian prosperity, and soon economic stability prevailed.

The Old Republic, as this period of government eventually came to be known, had its most impressive successes in the area of foreign relations. Under the able leadership of such talented men as the Baron of Rio Branco and Joaquim Nabuco, Brazil resolved, through peaceful arbitration and in her favor, all of her international boundary disputes (including those with France, England, and the Netherlands); the leaders obtained the appointment of the first cardinal to a Latin American nation; the country received

O palco para a mudança estava preparado quando o Imperador ofendeu dois dos maiores grupos que tradicionalmente apoiavam à monarquia: os proprietários nordestinos e a Igreja Católica. Aqueles estavam aborrecidos com o fato de que seus escravos haviam sido libertados sem qualquer indenização mediante a lei Áurea assinada pela Princessa Isabel, filha do Imperador, que atuou enquanto regente em 1888. A Igreja (cujos padres no Brasil eram nomeados pelo monarca) ficou irritada contra o Imperador quando este se recusava a aceitar as exigências papais que proibiam os padres católicos de serem maçons. Em 15 de novembro de 1889, o exército brasileiro, sob o comando do Marechal Deodoro da Fonseca, depôs o Imperador Dom Pedro II e declarou o Brasil uma República.

Um período de caos se segue com a ascensão de jovens inexperientes ao poder. Por fim, o novo governo decide que o Brasil ainda não estava preparado para a democracia, nem tampouco poderia agüentar a industrialização, devendo assim retornar à sua tradicional economia básica agrícola. Muitos líderes da nação durante a monarquia foram então recolocados em suas antigas posições. Mas ao invés das antigas famílias nordestinas retomarem o poder, surgiu uma nova oligarquia, principalmente em torno do café. Logo se estabeleceu um acordo entre os barões do café de São Paulo e os pecuaristas de Minas Gerais, os quais alternariam a presidência da nação entre si. Na medida que o preço do café subia no mercado internacional, assim também prosperava o Brasil e em pouco tempo uma estabilidade econômica foi atingida.

A "Velha República" teve impressionantes sucessos na área das relações exteriores. Sob a eficiente liderança de homens talentosos como o Barão do Rio Branco e Joaquim Nabuco, o Brasil consegue resolver, através de arbitragem pacífica e a seu favor, todas as suas disputas territoriais fronteiriças (incluindo as que tinha com a França, Inglaterra e Holanda); obteve a indicação do primeiro Cardeal para uma nação da América Latina; recebeu o primeiro embaixador norte-americano autorizado para a América do Sul; o Rio de Janeiro serve de sede a vários congressos científicos mundiais e três brasileiros servem como presidentes do Conselho Executivo da Liga das Nações. Imigrantes chegam à nação vindos de todas as partes da Europa e Ásia, e um fervor patriótico toma conta do país.

Entretanto, a auto-imagem do Brasil continha certa falsidade. Aproveitando as teorias européias do determinismo científico, tornou-se popular entre os escritores brasileiros perpetuar a tese de que pessoas miscigenadas—particularmente aquelas vivendo nos trópicos—só teriam sucesso se focalizassem em suas qualidades européias. Logo, tudo que fosse negro,

the first U.S. ambassador accredited in South America; Rio de Janeiro hosted several world scientific congresses; and three Brazilians served as presidents of the Executive Council of the League of Nations. Immigrants poured into the nation from all parts of Europe and Asia, and an intense patriotic fervor gripped the country.

There was much that was false in Brazil's self-image, however. Taking their cue from European naturalistic theories, Brazilian writers began to perpetuate the thesis that miscegenated peoples—particularly those living in the tropics—could succeed only by focusing on their European qualities. Everything Black, Indian, or of Brazilian origin was, almost by definition, inferior.[11] That racist assertion painfully impacted the great majority of Brazilians, who were mulatto, an "unworthy" mixture thought to have no cultural significance. It is true that the historian João Ribeiro and especially the critic Sílvio Romero denied the theory and came out boldly in defense of the African's cultural contributions to Brazil and praised the beauty of the mulatto race.[12] They stood nearly alone, however, amongst fellow intellectuals. Fortunately, during the first quarter of the twentieth century, a nationwide reassessment of racial concepts corrected the mistaken ideas, and Romero's view prevailed.

Twentieth Century

Modern Brazil has its origins in the First World War, when traditional European ruling houses, social classes, and cultural institutions were rudely shaken. Brazilians began to have second thoughts about Old World social theories, particularly as applied to themselves, and started searching once again for their own identity. The winds of social change were in the air, and industry began in earnest, for during the armed conflict, Brazil's inability to import the goods she needed spurred her fledgling home industries. The experience of relying on themselves in a new age filled with such marvels as airplanes, automobiles, electrical appliances, urban growth, skyscrapers, motion pictures, and radios ultimately led to modernism, without question Brazil's most important cultural period. Not only are some of the nation's finest writers included therein, but in Renaissance fashion, the movement affected other fields as well, particularly architecture, music, the social sciences, and the plastic arts.

Two basic themes were "Discover Brazil, cease to merely copy Europe" and "Be modern," which meant getting rid of the old and experimenting

índio ou de origem brasileira era, quase por definição, inferior.[11] O impacto que esta afirmação racista causa é ainda maior quando se toma em conta que afeta a maior parte dos brasileiros que são mulatos, ou seja, uma mistura "indigna" tida como não tendo significância cultural. É verdade que, o historiador João Ribeiro e especialmente o crítico Sílvio Romero, denunciaram tal teoria e defenderam corajosamente as contribuições culturais feitas pela raça negra ao Brasil e louvando ainda a beleza da raça mulata.[12] No entanto, eles se encontravam na minoria entre seus colegas intelectuais. Felizmente, durante o primeiro quartel do século XX, uma reavaliação de âmbito nacional sobre os conceitos raciais corrigiram as idéias errôneas previamente estabelecidas, prevalecendo assim as afirmações de Romero.

Século XX

O Brasil moderno tem suas origens na Primeira Guerra Mundial, quando as tradições européias que regiam monarquias, classes sociais e instituições culturais, foram severamente abaladas. Os brasileiros começaram então a repensar as teorias sociais do Velho Mundo, particularmente sobre aquelas que se aplicavam a si mesmos, e começaram a procurar uma vez mais por sua própria identidade. Os ventos de uma mudança social estavam no ar, e a indústria começou a se desenvolver seriamente; pois, durante o conflito armado, a impossibilidade do Brasil importar os bens necessários, estimula a incipiente indústria local. A experiência de depender apenas de si mesmos nesta nova era de maravilhas, como por exemplo aviões, automóveis, aparelhos eletrodomésticos, crescimento urbano, arranha-céus, cinemas, rádios etc., conduz o Brasil ao modernismo, que foi, sem dúvida alguma, o período cultural e artístico brasileiro de maior importância. Nesta época encontramos não só alguns dos maiores escritores da nação, mas de maneira renascentista, o movimento afetou outras áreas, tais como a arquitetura, música, ciências sociais e as artes plásticas.

Dois temas básicos eram "Descubra o Brasil, pare de meramente copiar a Europa" "Seja moderno", o qual significava livrar-se do que era velho e experimentar novas formas e conceitos. Ironicamente, os modernistas estavam, de várias formas, apenas copiando a Europa, embora desta vez eram novas vozes européias tais como o futurismo, cubismo, dadaísmo, etc. É bom ter em conta que nem todos seguiram as novas idéias americanistas ou brasilianistas, preferindo temas mais tradicionais. Todavia, é seguro dizer que todos foram afetados, em maior ou menor grau, pelo novo movimento.

with new forms and concepts. Ironically, the modernists were, in many ways, merely copying Europe, albeit new European trends, such as futurism, cubism, and dadaism. Likewise, there were many among them who did not subscribe to the Americanist or Brazilianist ideas, preferring instead more traditional topics. Nevertheless, it is safe to say that all were affected in some degree by the new movement.

So fiercely did the first modernist poets adhere to the new tenets of "no rules" that the early literary movement was often characterized as destructive. For a time it was not popular among the general public. Of course, all periods in their initial stages are, to some extent, destructive as they attempt to impose their ideals. But the modernists did so with a vengeance, almost as though they were ushering in much more than a new concept of literature: they were delivering the soul of Brazil.

Modernism's official beginning is given as 1922, a watershed year that also saw the organization of the Brazilian Communist Party; the founding of the *Integralista* Party (which espoused a form of fascism under the leadership of Plínio Salgado); the *Tenentismo,* or lieutenant-fostered reform movement in the armed forces;[13] the establishment of a women's action group by Berta Lutz; and the retrenchment programs within the Catholic Church.[14] Of course 1922 marked the nation's centennial year, and one can readily appreciate how critical self-appraisal on a personal and national level would give rise to such diverse approaches for dealing with the nation's pressing needs.[15]

In February 1922, the young artists and writers of São Paulo held the *Semana de Arte Moderna* (Modern Art Week), during which time art, music, and poetry were respectively exhibited, performed, and recited. The principal artists included sculptor Vítor Brecheret, painter Anita Malfati, composer Heitor Villa-Lobos (who subsequently became Latin America's foremost composer), and poets Mário de Andrade and Oswald de Andrade. The new art forms caught provincially minded São Paulo totally unprepared for what it saw and heard, and the programs were roundly jeered at every performance and denounced in the press. But an artistic revolution had begun.

At first the poets all but abandoned the more traditional literary forms in their enthusiasm for free verse, juxtaposed themes, truncated syntax, and unusual spatial arrangements. They sought to imitate the popular speech of the people, and even vulgar words were not beyond the reach of their humor, parody, and satire. Brazilian vocabulary and Brazilian themes, especially

Os primeiros poetas modernistas aderiram à nova doutrina "sem regras" tão impetuosamente, que inicialmente o movimento foi muitas vezes caracterizado como destrutivo. Por algum tempo nem mesmo chega a ser popular entre o público em geral. Naturalmente, todos os períodos, durante sua fase inicial são, de certa forma, destrutivos à medida que buscam impor seus ideais. Mas os modernistas fizeram isso com muita desforra, quase como se estivessem introduzindo muito mais do que um simples conceito da literatura: estavam dando à luz a alma do Brasil.

A data oficial do início do modernismo brasileiro é 1922, um ano divisor que também viu a organização do Partido Comunista Brasileiro; a fundação do Partido Integralista (o qual apoiava o fascismo, sob a liderança de Plínio Salgado); o Tenentismo, ou o movimento de reforma fomentado pelos tenentes das forças armadas,[13] o estabelecimento de um grupo de ação feminista, liderado por Berta Lutz, e os programas de reconsideração dentro da Igreja Católica.[14] É claro que o ano de 1922 marcou o centenário da independência brasileira, e o momento apresentou um elevado nível de auto-avaliação que conscientizou o país acerca de suas carências mais urgentes.[15]

Em fevereiro de 1922, jovens artistas e escritores de São Paulo promoveram a Semana de Arte Moderna durante a qual, arte, música e poesia foram respectivamente exibidas, apresentadas e recitadas. Entre os principais artistas destacamos o escultor Vítor Brecheret, a pintora Anita Malfati, o compositor Heitor Villa-Lobos (que mais tarde se tornou o mais famoso compositor da América Latina) e os poetas Mário de Andrade e Oswald de Andrade. As novas formas artísticas pegaram de surpresa à provinciana população paulista que se encontrava despreparada para o que fora visto e ouvido; a programação foi severamente zombada em cada uma de suas apresentações e denunciada pela imprensa: uma nova revolução artística começara.

A princípio, os poetas abandonaram as formas literárias tradicionais em seu entusiasmo pelo verso livre, temas justapostos, sintaxes truncadas e arranjos espaciais incomuns. Eles buscaram imitar a fala popular e até mesmo o uso de palavras ordinárias não estava além do quadro de seu humor, paródia e sátira. Vocabulário e temas brasileiros, especialmente o folclore e objetos comuns de uso cotidiano, tornaram-se alguns dos principais assuntos. Aceitando a sugestão dos estudos primacialmente feitos por Gilberto Freyre, os autores brasileiros começaram a ter orgulho de sua herança sanguínea miscigenada. A raça negra e suas contribuições para a cultura se tornaram um tópico de grande importância na literatura, assim como o índio (o verdadeiro, e não aquele idealizado pela visão européia),

folklore and common, everyday objects, made up the principal subjects. Taking their cue primarily from the studies of Gilberto Freyre, Brazilian authors began taking pride in their mixed-blood heritage. Blacks and their contributions to the culture became an important topic in literature, as did the Indian (the real one, not the idealized European version), and above all the miscegenated *sertanejo,* or backwoodsman of the Northeast. Although this was not the sertanejo's first appearance in Brazilian literature, his plight was now focused on to a greater extent than ever before. Likewise, urban problems, alienated man, and the complexities of modern life were reflected in the new literature. It was as if blinders had been taken off and Brazilians were seeing the world they lived in for the first time. Everything could be a subject of literature; nothing was taboo.

In time the abrasive iconoclastic character of the initial thrust of the modernist movement gave way to a more thoughtful and productive phase. The list of first-rank poets swelled to include Manuel Bandeira, Jorge de Lima, Cecília Meireles, Carlos Drummond de Andrade, Vinícius de Moraes, and many others too numerous to cite. By no means a homogeneous group, they were divided in their approaches to the new aesthetics.

The century also saw some outstanding prose writers beginning with Euclides da Cunha, Graça Aranha, and Monteiro Lobato, each of whom predate modernism. Then, beginning in the 1930s, a number of first-rate novelists: in the Northeast, Graciliano Ramos, José Lins do Rego, Raquel de Queiroz, and Jorge Amado; in the South, Erico Veríssimo; and in the Central West, Cyro dos Anjos and later João Guimarães Rosa, the first prose writer to seriously challenge Machado de Assis for Brazil's top literary honors.

Brazil's twentieth century has likewise been filled with an impressive array of gifted artists such as architect Oscar Niemeyer (known not only for his pioneering work in the city of Brasília but also for the United Nations building in New York), and painters Di Cavalcanti and Cândido Portinari. The latter's murals grace the walls of the central rooms of the Hispanic Collection at the United States Library of Congress.

Other excellent writers are found in the second modernist generation, including poet João Cabral de Melo Neto and novelists Clarice Lispector, Lúcio Cardoso, Mário Palmério, Antônio Callado, Herberto Salles, Fernando Sabino, and Lygia Fagundes Telles. The contemporary generation includes such noted writers as playwright Ariano Suassuna, prose writers Dalton Trevisan, Oswaldo França, Rubem Fonseca, Ignácio de Loyola

e acima de tudo o miscigenado sertanejo nordestino. Embora já tivesse aparecido anteriormente na literatura brasileira, a sua deplorável condição de vida nunca havia sido representada de forma tão intensa. Da mesma forma, os problemas urbanos, o homem alienado e as complexidades da vida moderna foram retratados na nova literatura. Foi como se uma venda tivesse sido tirada dos olhos e os brasileiros pudessem ver pela primeira vez o mundo em que viviam. Tudo poderia se tornar um assunto da literatura; não existiam mais tabus.

Com o passar do tempo, o caráter abrasivo e iconoclástico do primeiro empurrão do movimento, ficou de lado e iniciou-se então uma fase mais meditativa e produtiva. A lista de poetas de primeira categoria aumentou ainda mais para incluir Manuel Bandeira, Jorge de Lima, Cecília Meireles, Carlos Drummond de Andrade, Vinícius de Moraes, e muitos outros que poderiam ser citados. Não era um grupo homogêneo de forma alguma: eram divididos por suas tentativas de aproximação às novas estéticas.

O século também produziu excelentes prosadores começando por Euclides da Cunha, Graça Aranha e Monteiro Lobato, predecessores do modernismo. Na década de 1930, surge uma nova safra de romancistas de alto quilate provenientes de diversas regiões do Brasil: do nordeste, Graciliano Ramos, José Lins do Rego, Raquel de Queiroz e Jorge Amado. No sul, Érico Veríssimo, e no centro-oeste, Cyro dos Anjos e mais tarde João Guimarães Rosa, o primeiro grande autor a desafiar seriamente a posição de primazia que ocupa Machado de Assis na literatura brasileira.

O Brasil do século XX também foi igualmente presenteado com uma quantidade impressionante de artistas de reconhecido valor universal, tais como o arquiteto Oscar Niemeyer (conhecido não apenas pelo seu pioneirismo na construção de edifícios governamentais na cidade de Brasília, como também pelo prédio das Nações Unidas de Nova Iorque), e pintores como Di Cavalcanti e Cândido Portinari; são deste último os murais que ornam as salas centrais das paredes da Coleção Hispânica da Biblioteca do Congresso norte-americano.

Outros escritores de excelente calibre se encontram na segunda geração modernista, incluindo o poeta João Cabral de Melo Neto, os romancistas Clarice Lispector, Lúcio Cardoso, Mário Palmério, Antônio Callado, Herberto Salles, Fernando Sabino e Lygia Fagundes Telles. Na geração contemporânea encontramos aclamados autores como o teatrólogo Ariano Suassuna, os prosadores Dalton Trevisan, Oswaldo França, Rubem Fonseca, Ignácio de Loyola Brandão, Nélida Piñon, Osman Lins e Autran

Brandão, Nélida Piñón, Osman Lins, and Autran Dourado, to name only a few, and such outstanding poets as Affonso Romano de Sant'Anna, Adélia Prado, Ferreira Gullar, Décio Pignatari, Augusto de Campos, and Haroldo de Campos, the last four being the initiators of concrete poetry, the first universal literary movement to originate in Brazil.

It was in the euphoric 1960s that Brazil began to make its presence known in the entertainment world, first through its music and then through its other artists and finally through its athletes. There have been world champion wrestlers, boxers, racing car drivers, and tennis stars; Brazilians have been awarded numerous Grammys, Oscars, Gold Palms, and World Cups. Jorge Amado's *Gabriela, cravo e canela* (Gabriela, Clove and Cinnamon) became an international best-selling novel.

For twenty years, beginning in 1964, the writers of Brazil had to labor under adverse conditions occasioned by the military dictatorship. Censorship, exile, or both (often self-imposed) was not uncommon, especially in the 1970s. Notwithstanding these and other vicissitudes, Brazil continued to produce excellent writers.

Bossa nova music can still be heard on the radio; Brazilian motion pictures continue to draw crowds and acclaim in the United States and Europe; and poets of the stature of Carlos Drummond de Andrade, João Cabral de Melo Neto, Adélia Prado, and Ferreira Gullar have each had a volume of their poetry translated into English. Slowly, but perhaps too slowly, English readers are discovering the rich cultural heritage of their southern counterpart.

Notes

1. See Gilberto Freyre, *The Masters and the Slaves,* trans. Samuel Putnam (New York: Alfred A. Knopf, 1968). For an annotated list of readings on preindependent Brazil, see Francis A. Dutra, *A Guide to the History of Brazil, 1500–1822: The Literature in English* (Santa Barbara and Oxford: ABC-Clio, 1980).

2. Marrano Christians were baptized Christians of Jewish descent who continued to live a traditional Jewish lifestyle.

3. For a detailed account of the Portuguese Jews in New Amsterdam, including the transactions between Governor Stuyvesant and the council (Stuyvesant denied the Brazilian Jews entrance but was overruled by the council), see Frederick J. Azwierlein, *Religion in New Netherland, 1623–1664* (1910; reprint, New York: Da Capo Press, 1971).

Dourado, para mencionarmos apenas alguns, e poetas de destaque como Affonso Romano de Sant'Anna, Adélia Prado, Ferreira Gullar, Décio Pignatari, Augusto de Campos e Haroldo de Campos, sendo os últimos quatro iniciadores da poesia concreta, o primeiro movimento literário universal a ter seu começo no Brasil.

Foi na eufórica década de 60 que o Brasil começou a marcar sua presença no mundo do entretenimento, primeiro através de sua música, depois através de outros gêneros artísticos, e finalmente por meio de seus atletas. Surgem entre os brasileiros campeões mundiais de luta-livre, boxe, automobilismo e tênis. Brasileiros foram agraciados com numerosos prêmios Grammy, Oscars, Palmas de Ouro e Copas do Mundo. O maior best-seller internacional brasileiro foi o romance *Gabriela, cravo e canela* da autoria do baiano Jorge Amado.

A partir de 1964 e durante os próximos vinte anos, os escritores brasileiros tiveram que trabalhar sob condições adversas, resultantes da ditadura militar. Principalmente na década de 70, o uso da censura e do exílio (freqüentemente auto-imposto), tornaram-se fatos comuns. Apesar de isso tudo e de outras vicissitudes, o Brasil continuou a produzir excelentes escritores.

Até hoje é possível ouvir bossa nova tocada nas rádios, e a cinematografia brasileira continua a atrair multidões e aclamado reconhecimento nos Estados Unidos e na Europa. Grandes poetas como Carlos Drummond de Andrade, João Cabral de Melo Neto, Adélia Prado e Ferreira Gullar já tiveram pelo menos um volume de suas obras traduzidos para o inglês. Lentamente, mas talvez lentamente demais, os leitores de língua inglesa estão descobrindo a rica herança cultural de sua contraparte da América do Sul.

Notas

1. Veja Gilberto Freyre *The Masters and the Slaves* [Casa-Grande e Senzala], traduzido por Samuel Putnam (New York: Alfred A. Knopf, 1968). Para um lista de leituras sobre o período pré-independência do Brasil, veja Francis A. Dutra *A Guide to the History of Brasil, 1500–1822; The Literature in English* (Santa Barbara, Oxford: ABC-Clio, 1980).

2. Cristãos marranos eram conversos de descendência judaica que continuavam vivendo um estilo de vida tradicional judáica.

4. See E. Bradford Burns, *A History of Brazil* (New York: Columbia University Press, 1970), 61. See also C. R. Boxer, *The Golden Age of Brazil, 1695–1750* (Berkeley: University of California Press, 1969).

5. Ouro Preto and a half-dozen other eighteenth-century towns have been declared national monuments by the federal government and appear now as they did two hundred and fifty years ago.

6. For information and illustrations on the work of *Aleijadinho*, see Hans Mann, *The 12 Prophets of Aleijadinho* (Austin: University of Texas Press, 1967).

7. See José Basílio da Gama, *The Uruguay: A Historical Romance of South America*, trans. Richard Burton, ed. Frederick G. H. Garcia and Edward F. Stanton (Berkeley: University of California Press, 1982).

8. Although regent for his demented mother, Maria I, it was not until after her death in 1816 that he became John VI.

9. Dom Pedro II came to the United States in 1876 as an official guest of the nation for the U.S. centennial celebration, which he helped to inaugurate in Philadelphia with President Grant. One of the first reigning monarchs to visit the U.S., Dom Pedro II caused much excitement as he traveled about the country, savoring the food and meeting the people, while at the same time expanding his knowledge of scientific achievements, including the telephone. Of an inquisitive mind, he scandalized his Brazilian subjects by attending both Jewish and Mormon religious services. Every facet of his visit was reported in the New York *Herald* and in the Brazilian press via the submarine cable linking North and South America that had been especially constructed by the *Herald* to follow the monarch's every move. See Argeu Guimarães, *Dom Pedro II nos Estados Unidos* (Rio de Janeiro: Civilização Brasileira, 1961), and David L. Wood, "Emperor Dom Pedro's Visit to Salt Lake City," *Utah Historical Quarterly* 37, no. 3 (summer 1969): 337–52.

10. Positivism was a philosophical doctrine taught by Frenchman Auguste Comte that saw scientific progress, law and order, and rational thought as the true bases of a happy human existence. The Brazilian Republic appropriated its motto *"Ordem e Progresso"* (Order and Progress) for its flag. Benjamin Constant, a mathematics professor and statesman, was positivism's foremost Brazilian spokesman.

11. French social psychologist Gustave Le Bon asserted that miscegenation produced an offspring inferior to either parent. French anthropologist George Vacher de Lapouge characterized Brazil as an enormous Negro state on its way back to barbarism. Brazilian Jorge Moreal stated that Brazil was the product of three unfortunate races: the backward Negro, the once proud but now decadent and exhausted Portuguese, and the inactive, primitive Indian. He went on to affirm that "the ruinous combination of these three races is further weakened by an irregular climate, a bad diet, and the adoption of customs and habits contrary to our tropical nature. The Brazilian is an atrophied product, without will, stability, and initiative. Corrupted by Nature, stunted by the colonial process, without physical education which would develop his muscles and tone his nerves, he is a sick man,

3. Para uma descrição mais detalhada dos acontecimentos dos judeus-portugueses na Nova Holanda, incluindo as transações entre o Governador Stuyvesant e o Conselho (ele negou entrada aos judeus brasileiros, mas sua decisão foi anulada pelo Conselho), veja Frederick J. Azwierlein, *Religion in New Netherland, 1623-1664* (New York: Da Capo Press, 1971), a qual é uma reimpressão da edição de 1910.

4. Veja E. Bradford Burns, *A History of Brazil* (New York: Columbia University Press, 1970, p. 61). Veja também C.R. Boxer, *The Golden Age of Brazil, 1695-1750* (Berkeley e Los Angeles: The University of California Press, 1969).

5. Hoje Ouro Preto e meia dúzia de outras cidades fundadas no século XVIII, são consideradas parte do patrimônio nacional pelo governo federal, e ainda mantêm a mesma aparência que tinham há 250 anos.

6. Para informações sobre o Aleijadinho, veja o livro de Hans Mann *The 12 Prophets of Aleijadinho* (Austin: University of Texas Press, 1967).

7. Veja José Basílio da Gama, *The Uraguay: A Historical Romance of South America,* a tradução de Richard Burton, editada por Frederick G. H. Garcia e Edward F. Stanton (Berkeley: University of California Press, 1982).

8. Apesar de príncipe regente de sua mãe Dona Maria I, que se encontrava em estado de demência, ele se torna Dom João VI somente após a morte dela, em 1816.

9. Dom Pedro II visitou os Estados Unidos em 1876 como convidado oficial em visita à nação, para as celebrações do centenário da independência norte-americana, as quais ele ajudou a inaugurar na Filadélfia, juntamente com o Presidente Grant. Como um dos primeiros monarcas a visitar os Estados Unidos, Dom Pedro II causou grande euforia ao viajar pelo país, saboreando a comida e conhecendo o povo, enquanto que ao mesmo tempo expandia seu conhecimento de conquistas científicas, incluindo o telefone. Possuidor de uma mente inquisitiva, ele escandalizou seus súditos brasileiros ao frequentar serviços religiosos judaicos e mórmons. Todas as facetas de sua viagem foram registradas pelo *New York Herald* e também pela imprensa brasileira via cabo submarino que ligava a América do Norte à América do Sul, o qual havia sido especialmente construído pelo *Herald* para acompanhar cada movimento do monarca. Veja Argeu Guimarães, *Dom Pedro II nos Estados Unidos* (Rio de Janeiro: Civilização Brasileira, 1961), e David L. Wood, "Emperor Dom Pedro's Visit to Salt Lake City," *Utah Historical Quarterly,* v. 37, 3 (Summer, 1969), págs. 337-352.

10. O positivismo era uma doutrina filosófica que teve início com o francês Auguste Comte, o qual viu o progresso científico, lei e ordem, e raciocínio lógico como uma verdade básica para a felicidade humana. A República brasileira se apropriou de seu lema "Ordem e Progresso" para sua bandeira. Benjamin Constant, um professor de matemática e estadista, foi o principal porta-voz brasileiro.

11. O psicólogo social francês, Gustave Le Bon, afirmou que a miscegenação produzia uma descendência inferior a dos pais. O antropólogo francês George Vacher de Lapouge caracterizou o Brasil como um enorme estado negro retrocedendo ao

disillusioned prematurely, without confidence in himself." Burns, *History of Brazil*, 264–65.

12. See for example, Sílvio Romero, *História da literatura brasileira*, quoted in Burns, *History of Brazil*, 267.

13. The young, urban, middle-class lieutenants revolted, pressing for reforms. Although quickly crushed, the movement came to represent a philosophy of the middle classes. It stood for modernization of the nation, expansion of the political base, recognition of the trade unions, establishment of minimum wages, maximum working hours, child labor laws, and agrarian reform.

14. Some within the church, such as Dom Helder Câmara, moved to the left and preached a social gospel that would respond with concern to the plight of the poor. Others clearly represented the right, such as lay-member Jackson de Figueiredo, who organized to stop what he thought were Brazil's greatest threats: Protestantism, Masonry, and Judaism.

15. The activities of the pressure groups plus the collapse of world coffee prices precipitated by the 1929 "crash" and depression culminated in the overthrow of the "Old Republic" and the rise to power of Getúlio Vargas in 1930. Vargas was from Rio Grande do Sul, the southernmost state. Under his leadership, the São Paulo-Minas Gerais political power monopoly, which had controlled the federal government for thirty years, was finally broken. Although not turning his back on agriculture, Vargas pushed industry and instituted most of the *Tenentismo* labor reforms. He also pushed for education, universal suffrage, and for airplane transportation, which linked the nation together as never before. He was the first president to visit the interior of Brazil, and he initiated measures to aid in its development.

barbarismo. O brasileiro Jorge Moreal declarou que o Brasil era o produto de três raças infelizes: o retrógrado negro, o outrora altivo mas agora decadente e exausto português e o inativo, primitivo índio. Ele continua em sua afirmação: "A ruinosa combinação destas três raças torna-se ainda mais enfraquecida pelo seu clima irregular, por uma péssima dieta e pela adoção de costumes e hábitos contrários à nossa natureza tropical. O brasileiro é um produto atrofiado, sem desejo, estabilidade ou iniciativa. Corrompido pela natureza, atrofiado pelo processo colonial, sem educação física, a qual poderia desenvolver seus músculos e firmar seus nervos, ele é um homem doente, prematuramente desiludido, sem confiança em si mesmo." Burns, *loc. cit.*, págs. 264-265.

12. Veja por exemplo, Sílvio Romero, *História da literatura brasileira,* citado em Burns, *Ibid.,* p. 267.

13. Os jovens tenentes da classe média urbana revoltados, exigiam reformas. Apesar de terem sido rapidamente controlados, o movimento passou a representar uma filosofia da classe média. Sua bandeira era pela modernização do país, expansão da base política, reconhecimento dos sindicatos, o estabelecimento do salário mínimo, um número máximo de horas de trabalho, leis trabalhistas para os menores, reforma agrária etc.

14. Alguns membros da igreja passaram para a esquerda e pregavam um evangelho social que se comprometia a ajudar a população menos favorecida do país, como por exemplo, Dom Helder Câmara. Outros, tais como o leigo Jackson de Figueiredo, representava a direita quando ele afirmava que a maior ameaça do Brasil vinha do protestantismo, da maçonaria e do judaísmo.

15. As pressões realizadas por alguns grupos, aliadas ao colapso dos preços do café precipitados pela quebra da bolsa de valores de 1929 e pela depressão, culminaram na ruína da "Velha República" e na ascensão ao poder do gaúcho Getúlio Vargas em 1930. Sob sua liderança, o poder do monopólio político de São Paulo-Minas Gerais, o qual havia controlado o governo federal por trinta anos, foi finalmente derrotado. Sem ignorar a agricultura, Vargas incentivou a indústria e instituiu a maior parte das reformas trabalhistas reivindicadas pelo Tenentismo. Foi ele também quem incentivou a melhoria na educação, o voto universal e o transporte aéreo, o qual uniu a nação de uma maneira até então nunca vista; ele foi o primeiro presidente a visitar o interior do Brasil e a iniciar medidas de auxílio ao seu desenvolvimento.

COLONIAL PERIOD

PERÍODO COLONIAL

❤ José de Anchieta

(1534–1597)

O padre José de Anchieta tinha apenas dezenove anos de idade quando chegou à Bahia em companhia do segundo Governador Geral do Brasil, D. Duarte da Costa, em 13 de julho de 1553, como membro da Companhia de Jesus. Nasceu nas Ilhas Canárias, Espanha, e estudou no Colégio Jesuíta em Coimbra, Portugal. Sua educação foi resultante da combinação do escolasticismo medieval e das artes e ciências renascentistas do século XVI. Após o grande sucesso da conversão de asiáticos ao cristianismo, realizado pelo membro da Companhia de Jesus, Francisco Xavier, o próprio Rei de Portugal, João III, delegou poderes àquela missão educacional religiosa e orientou que os jesuítas realizassem o mesmo trabalho no Brasil.

As condições encontradas no Novo Mundo comparavam-se ao bíblico Jardim do Éden. O estado selvagem do Brasil, entretanto, não se limitava a sua fauna e flora, ou a sua população indígena: os maiores desafios encontrados pelo Padre José de Anchieta constituíam-se dos próprios recém-chegados europeus (freqüentemente pertencentes aos membros marginalizados da sociedade, recém-libertos da prisão), e da crescente população mestiça. Nenhum desses grupos compreendia a necessidade de se acatar às convenções da sociedade européia nessas novas terras.

Enquanto os famosos "Bandeirantes" buscavam seguir os cursos dos rios em busca de riquezas materiais como ouro, pedras preciosas e escravos e, desse modo, abriam as estradas que levariam às terras do interior do Brasil, Anchieta utilizava-se do teatro rimado como o caminho que o levaria a alcançar as populações selvagens do Brasil, visando encontrar tesouros espirituais através da introdução dos valores europeus. Em outras palavras, Anchieta adouçou a pílula amarga da disciplina moral com entretenimento. Anchieta escreveu obras em Espanhol, Tupi, Português e Latim, além de sete trabalhos em idiomas múltiplos. O assunto de todos os seus poemas e peças, independente do idioma, era a religião—o louvor à Deus, Jesus e Maria, os exemplos virtuosos dos Santos e mártires, o magistério e a conversão dos pecadores.

José de Anchieta

(1534–1597)

Father José de Anchieta was just nineteen years old when he arrived in Bahia on July 13, 1553, as a member of the Jesuit contingency accompanying the party of D. Duarte da Costa, second governor general of Brazil. Born in the Canary Islands, Spain, and schooled at the Jesuit College in Coimbra, Portugal, Anchieta's education was a combination of medieval scholasticism and sixteenth-century Renaissance art and science. After the success of fellow Jesuit Frances Xavier in bringing Asian souls to Christ, it was King John III of Portugal himself who commissioned this religious educational mission and directed that the Jesuits accomplish the same task in Brazil.

The untamed conditions in the New World conjured up associations that compared favorably with the biblical Garden of Eden. The wilds of Brazil, however, were not limited to its flora and fauna or even to its Indian populations. As daunting as these could be, the most impenetrable challenges Anchieta sometimes faced were the very European newcomers themselves (more often than not an already marginalized member of society recently released from prison) and the growing half-caste populations. Neither of these groups saw any need to abide by European societal conventions in the new lands.

Brazil's famed *bandeirantes* (frontiersmen) chose rivers as highways into the hinterland, seeking material wealth through gold, precious stones, and slaves. Anchieta would choose rhymed theater as an information highway to penetrate the wilds of Brazil's populations, seeking spiritual treasure through the introduction of European values. In a word, Anchieta sugarcoated the bitter pill of moral discipline with entertainment. He wrote in Spanish, Tupi, Portuguese, and Latin, with an additional seven works that involve multiple languages. The subject for all poems and plays, regardless of language, is religious—the praising of God, Jesus, and Mary; the righteous example of Saints and martyrs; and the teaching and correcting of sinners.

Quando, no Espírito Santo, se recebeu
uma relíquia das onze mil virgens

Diabo— Temos embargos, donzela,
    a serdes deste lugar.
    Não me queirais agravar,
    que, com espada e rodela,
    vos hei de fazer voltar.

    Se lá na batalha do mar
    me pisastes,
    quando as onze mil juntastes,
    que fizestes em Deus crer,
    não há agora assim de ser.
    Se, então, de mim triunfastes,
    hoje vos hei de vencer.

    Não tenho contradição
    em toda a Capitania.
    Antes, ela, sem porfia,
    debaixo de minha mão
    se rendeu com alegria.

    Cuido que errastes a via
    e o sol tomastes mal.
    Tornai-vos a Portugal,
    que não tendes sol nem dia,
    senão a noite infernal

    de pecados,
    em que os homens, ensopados,
    aborrecem sempre a luz.
    Se lhes falardes na Cruz,
    dar-vos-ão, mui agastados,
    no peito, c'um arcabuz.

    (Aqui dispara um arcabuz.)

When, in Espírito Santo, Was Received
a Relic of the Eleven Thousand Virgins

Devil— We have embargoes, damozel,
          this country isn't your concern.
          Don't aggravate me or you'll learn,
          that I'll, with sword and shield, repel
          you back and force you to return.

          If in that sea war you did turn
          and step on me,
          when to the thousand feminie,
          you said believe in God and pray,
          this time it will not be that way.
          If, then, you triumphed over me,
          I'll surely conquer you today.

          I have no opposition here
          in this entire Captaincy.
          Instead, unhesitatingly,
          beneath my hand they all sincere
          surrendered to me cheerfully.

          I fear that you have lost your way
          no doubt the sun's affected you.
          Return to Portugal anew,
          for here you've neither sun nor day,
          but blackest night's infernal brew

          of sins that be,
          in which sopped men sink readily,
          who always shun the Cross's light.
          And if you speak to them of Christ,
          they'll blast your chest, most skillfully,
          with harquebuses, left and right.

          (Here an harquebus is fired.)

Anjo— Ó peçonhento dragão
e pai de toda a mentira,
que procuras perdição,
com mui furiosa ira,
contra a humana geração!

Tu, nesta povoação,
não tens mando nem poder,
pois todos prentendem ser,
de todo seu coração,
imigos de Lucifer.

Diabo—Ó que valentes soldados!
Agora me quero rir! . . .
Mal me podem resistir
os que fracos, com pecados,
não fazem senão cair!

Anjo— Se caem, logo se levantam,
e outros ficam em pé.
Os quais, com armas da fé,
te resistem e te espantam,
porque Deus com eles é.

Que com excessivo amor
lhes manda suas esposas
—onze mil virgens formosas—,
cujo contínuo favor
dará palmas gloriosas.

E para te dar maior pena,
a tua soberba inchada
quer que seja derribada
por u'a mulher pequena.

Diabo—Ó que cruel estocada
m'atiraste
quando a mulher nomeaste!

Angel— Oh poisoned dragon, reprobate
and father of all lies as well,
who seeks perdition as the state,
with fury which no words can tell,
for human generations' fate!

But you, here in this settlement,
have neither power or command,
for each intends to take a stand,
with all their hearts and truly meant,
against old Lucifer and band.

Devil— Oh valiant soldiers they have been!
Don't make me laugh, they're kidding you! . . .
They hardly can resist me who
are simply weak, those full of sin,
will always fall, that's all they do!

Angel— But if they fall, they quickly rise,
while others stand up straight and tall.
They, armed with faith, will heed the call
to you resist and exorcise,
for God is truly with them all.

Who with his overflowing love
now sends his lovely wives along
—eleven thousand virgins strong—,
whose constant favor from above
will earn the glorious palms erelong.

And just to give you greater pain,
your arrogance and puffed up greed
will be knocked down, its been decreed,
by one small woman, your life's bane.

Devil— Oh what a cruel jab indeed
you've hurled at me
when you did name that woman, she!

Porque mulher me matou,
mulher meu poder tirou,
e, dando comigo ao traste,
a cabeça me quebrou.

Anjo—   Pois agora essa mulher
traz consigo estas mulheres,
que nesta terra hão de ser
as que lhe alcançam poder
para vencer teus poderes.

Diabo—Ai de mim, desventurado!
(Acolhe-se Satanás.)
Anjo—   Ó traidor, aqui jarás
de pés e mãos amarrado,
pois que perturbas a paz
deste *pueblo* sossegado!

Diabo—Ó anjo, deixa-me já,
que tremo desta senhora!
Anjo—   Com tanto que te vás fora
e nunca mais tornes cá.
Diabo—Ora seja na má hora!

(Indo-se, diz ao povo:)

Ó, deixai-vos descansar
sobre esta minha promessa:
eu darei volta, depressa,
a vossas casas cercar
e quebrar-vos a cabeça!

Because the woman killed me so,
the woman stole my powers, oh,
and got me from behind, you see,
to crush my head with just one blow.

Angel— Well now that woman righteously
brings with her other women who,
throughout this land will surely be
the ones whose power holds the key
to beat you and your powers, too.

Devil— Oh woe is me, most wretched one!
(Satan recoils.)
Angel— Oh traitor, here you'll lie restrained
bound feet and hands no more to run,
for you've disturbed the peace that reigned
beneath this peaceful *pueblo's* sun!

Devil— Oh angel, leave me be, I pray,
I tremble from this lady, oh!
Angel— As long as far away you go
and never more return this way.
Devil— Oh evil hour, let it be so!

(Aside to the people, as he leaves:)

Oh, rest assured don't be alarmed
about the promise I just said:
I'll soon be back this way instead,
your homes I will encircle armed
and strike a blow to crush your head!

❧ Gregório de Matos

(1636–1696)

Gregório de Matos nasceu na Bahia, onde estudou no Colégio dos Jesuítas, completando em Portugal sua graduação em direito. Após viver em Lisboa por diversos anos, retornou viúvo ao Brasil e viveu uma vida preferencialmente boêmia. Descontente, ele criticava tudo e todos: a igreja, o governo e todas as classes sociais, desde o rico e poderoso, até o pobre e submisso, não poupando sequer raças ou profissões. Essas constantes satirizações fizeram-no receber o apelido de "Boca do Inferno".

Seus versos barrocos, não publicados até o século XIX, foram reunidos a partir de coleções particulares e manuscritos e divididos em quatro classificações principais: religiosa, lírica, satírica e erótica, assim enquadrando-se na tensão dualística do barroco.

❦ Gregório de Matos

(1636–1696)

Gregório de Matos was born in Bahia, where he studied at the Jesuit College, and completed his jurisprudence degree in Portugal. After living in Lisbon for several years, he returned to Brazil as a widower and led a rather Bohemian life. A malcontent, he criticized everyone and everything: the Church, government, and all classes of people, from the rich and powerful to the lowly pauper, sparing no race or profession in between. This constant satirizing earned for him the nickname of *Boca do Inferno* (Mouth of Hell).

Not published until the nineteenth century, his baroque verse has been collected from private albums and manuscripts and divided into four major classifications: religious, lyrical, satirical, and erotic, thus conforming to the tension found in baroque duality.

Descreve o que era realmente naquele tempo a cidade da Bahia

A cada canto um grande conselheiro,
Que nos quer governar cabana e vinha;
Não sabem governar sua cozinha,
E podem governar o mundo inteiro.

Em cada porta um bem freqüente olheiro,
Que a vida do vizinho e da vizinha
Pesquisa, escuta, espreita e esquadrinha,
Para o levar à praça, e ao terreiro.

Muitos mulatos desavergonhados,
Trazidos sob os pés os homens nobres,
Posta nas palmas toda a picardia.

Estupendas usuras nos mercados,
Todos os que não furtam muito pobres:
E eis aqui a cidade da Bahia.

He Describes What the City of Bahia Really Was at That Time

In every corner there's a counselor grand,
Who wants to govern both our home and vine;
They cannot keep the kitchen help in hand,
Yet they can rule the whole wide world just fine.

At every door a frequent pair of eyes,
Whose neighbors' lives, each male and female pair,
They search, they hear, they spy, they scrutinize,
Then take it to the park, and public square.

Mulattos with no decency abound,
Who tread beneath their feet our noblemen,
In high esteem all deviltry is found.

Stupendous usury fills the market floor,
And those who do not steal are poor as sin:
Lo thus Bahia's city Salvador.

Pondera agora com mais atenção
a formosura de D. Ângela

Não vi em minha vida a formosura,
Ouvia falar nela cada dia,
E ouvida me incitava, e me movia
A querer ver tão bela arquitetura.

Ontem a vi por minha desventura
Na cara, no bom ar, na galhardia
De uma Mulher, que em Anjo se mentia,
De um Sol, que se trajava em criatura.

Me matem (disse então vendo abrasar-me)
Se esta a cousa não é, que encarecer-me
Sabia o mundo, e tanto exagerar-me.

Olhos meus (disse então por defender-me)
Se a beleza hei de ver para matar-me,
Antes, olhos, cegueis, do que eu perder-me.

He Ponders with More Attention
the Beauty of Lady Angela

I'd never in my life beheld this beauty,
Yet heard about her nearly every day,
And hearing made me eager, anxious, moody
To view this architecture right away.

I saw her yesterday, a bad luck omen,
Her face, her pleasant air, and gentleness
Betrayed an Angel, though disguised as Woman,
A radiant Sun, adorned in human dress.

Kill me (said I, perceiving it consumed me)
If this is not the thing, since to commend me
The world knew how, and great it hath presumed me.

So eyes (said I, desiring to defend me)
If I must see this beauty then you've doomed me,
It's better, eyes, to blind you, than condemned be.

"Anjo no nome, Angélica na cara"

Anjo no nome, Angélica na cara,
Isso é ser flor, e Anjo juntamente,
Ser Angélica flor, e Anjo florente,
Em quem, senão em vós se uniformara?

Quem veria uma flor, que a não cortara
De verde pé, de rama florescente?
E quem um Anjo vira tão luzente,
Que por seu Deus, o não idolatrara?

Se como Anjo sois dos meus altares,
Fôreis o meu custódio, e minha guarda,
Livrara eu de diabólicos azares.

Mas vejo, que tão bela, e tão galharda,
Posto que os Anjos nunca dão pesares,
Sois Anjo, que me tenta, e não me guarda.

An angel's name, angelic face as well

An Angel's name, Angelic face as well,
It's flower and Angel, joined as one with care,
Angelic flower and flowering Angel, where,
Except in you, could these together dwell?

Pray, who could see a flower and pluck it not
From off green stems, from branches flowering bright?
And who that's seen an Angel bathed in light,
Would not adore her, as the God he's sought?

Now, if you're like the Angel on my altar,
You'd be my monstrance, and my guardian true,
And free me from all evil should I falter.

I see though, such great beauty, such sensation,
And knowing Angels never make one blue,
You're not my guardian Angel, you're temptation.

"A vós correndo vou, braços sagrados"

A vós correndo vou, braços sagrados,
Nessa cruz sacrossanta descobertos,
Que, para receber-me, estais abertos,
E, por não castigar-me, estais cravados.

A vós, divinos olhos, eclipsados
De tanto sangue e lágrimas abertos,
Pois, para perdoar-me, estais despertos,
E, por não condenar-me, estais fechados.

A vós, pregados pés, por não deixar-me,
A vós, sangue vertido, para ungir-me,
A vós, cabeça baixa, p'ra chamar-me.

A vós, lado patente, quero unir-me,
A vós, cravos preciosos, quero atar-me,
Para ficar unido, atado e firme.

I run to you, most sacred arms, to hold me

I run to you, most sacred arms, to hold me,
Exposed upon that holy cross so sternly,
You're opened wide in order to enfold me,
And, so not to chastise me, you're nailed firmly.

To you, veiled eyes, divine, eclipsed from sight
By precious blood and tears shed for my sake,
That I may be forgiven, you're awake,
And so not to condemn me, you're closed tight.

To you, nailed feet, so you can't leave, confined be,
To you, spilt blood, in order to anoint me,
To you, head bowed, that you may call and find me.

To you, pierced side, I'm longing to conjoin me,
To you, sure nails, I yearn to tightly bind me,
That I with you may firmly tied and joined be.

❦ Santa Rita Durão

(1722?–1784)

José de Santa Rita Durão, padre da ordem agostiniana, nasceu em Mariana, Minas Gerais e estudou no Colégio dos Jesuítas do Rio de Janeiro. Posteriormente, doutorou-se em teologia na Universidade de Coimbra, Portugal, onde veio a se tornar membro do corpo docente. Virtualmente, tudo o que permaneceu de sua produção literária foi o poema épico em 10 cantos, *Caramuru,* cuja forma foi padronizada após *Os Lusíadas,* de Camões. Disposto em oitavas rimadas e composto de informação erudita sobre a flora, fauna e populações indígenas do Brasil, *Caramuru* é, na verdade, um tributo a sua distante terra natal.

A estrutura do poema está baseada no naufrágio do navegador português, Diogo Álvares Correia (Caramuru ou dragão do mar), que se tornou patriarca de uma grande comunidade mestiça e o fundador da Bahia, através de suas esposas índias. Era costume dos indígenas triunfantes tentar reter a força e resistência de seus respeitáveis inimigos conquistados, o que era feito de dois modos: oferecendo-se ao inimigo uma "viúva", com a qual ele deveria gerar filhos, e através da ingestão ritualística de seu corpo. Diogo Álvares não foi devorado imediatamente por causa dos ferimentos sofridos no naufrágio. Ele, então, pediu permissão para nadar até o navio que ainda encontrava-se visível, a fim de reaver uma muleta. Ao retornar, a muleta trazida na verdade tratava-se de um bacamarte, o qual, quando disparado, rendeu a ele não apenas uma, mas diversas esposas e, eventualmente, a chefia da comunidade.

Na seleção que se segue, um navio francês estava recém ancorado na costa da Bahia. O capitão, reconhecendo a importância de Diogo Álvares Correia para o estabelecimento de uma presença francesa, persuadiu Caramuru a voltar para a França com sua esposa Paraguaçu. Já na corte francesa, ela foi batizada, recebeu um nome e casou-se com Diogo, sob a orientação e presenças do rei e da rainha da França.

Santa Rita Durão

(1722?–1784)

José de Santa Rita Durão, a priest of the Augustinian order, was born near Mariana, Minas Gerais. He was educated at the Jesuit College in Rio de Janeiro and later was awarded a doctorate in theology at the University of Coimbra in Portugal, where he subsequently became a member of the faculty. Virtually all that remains of his literary production is the ten-canto epic poem *Caramuru*, whose form is patterned after *The Lusiads* by Camões. Arranged in rhymed octaves and filled with erudite information on the flora, fauna, and Indian populations of Brazil, *Caramuru* is a tribute to his distant homeland.

The framing story of the poem is that of the shipwrecked Portuguese sailor Diogo Álvares Correia (Caramuru, or dragon from the sea) who became the patriarch of a large half-caste community and the founder of Bahia through his Indian wives. It was the custom for the conquering tribesmen to attempt to retain the strength of their vanquished, but worthy, foes. This was done by offering him a "widow" with whom to bear children and then by the ritualistic ingesting of his flesh. Diogo Álvares was not immediately eaten because of injuries he suffered in the shipwreck. He asked for and was granted permission to swim out to the still-visible ship to retrieve a crutch. The crutch he brought back was a blunderbuss, which, when he displayed its fire power, earned him not one but several wives and eventually the leadership of the community.

In the selection which follows, a French ship has recently touched on the coast of Bahia. The captain, recognizing the importance such a man could have in the establishment of a French stronghold, persuades Caramuru to come with his wife Paraguaçu back to France with him. At the French court, she is baptized, receives a new name, and is married to Diogo, all under the direction of and in the presence of the French king and queen.

Caramuru

(seleção do Canto Sete)

XVII

. . . .
Entrou Paraguaçu com feliz sorte
No banho santo, rodeando-a a corte.

XVIII

A roda o real clero e grão Jerarca
Forma em meio à capela a augusta linha;
Entre os pares seguia o bom monarca,
E ao lado da neófita a rainha.
Vê-se cópia de lumes nada parca,
E a turba imensa, que das guardas vinha;
E, dando o nome a augusta à nobre dama,
Põe-lhe o seu próprio, e Catarina a chama.

XIX

Banhada a formosíssima donzela
No santo Crisma, que os cristãos confirma,
Os desposórios na real capela
Com o valente Diogo amante firma:
Catarina Alvres se nomeia a bela,
De quem a glória no troféu se afirma,
Com que a Bahia, que lhe foi senhora,
Noutro tempo, a confessa, e fundadora.

Caramuru

(selection from Canto Seven)

XVII

. . . .
Paraguaçu, with blessings Heaven sent,
Was holy bathed with all the court's consent.

XVIII

Surrounded by the royal priests Hierarchal
A line formed in midchapel; and between
The august pairs, the good king came monarchial,
And next to the young neophyte the queen.
Illumination caused the night to sparkle,
And countless crowds of people could be seen;
The queen decreed unto the noble dame,
Catarina she'd be called, the queen's own name.

XIX

This beautiful young woman baptized now
In holy rites, which Christians do confirm,
Within the royal chapel pledged her vow
And signed to wed Diogo lover firm:
Catarina Alvres, name which they endow
On her whose glory trophy does affirm,
With which Bahia, that had once been hers,
Confesses her as founder, praise confers.

❤ Cláudio Manuel da Costa

(1729–1789)

Cláudio Manuel da Costa nasceu próximo à cidade de Mariana, Minas Gerais. Seus pais vieram para o Brasil atraídos pela promessa de riquezas provenientes das minas de ouro e pedras preciosas, a qual nesse caso, tornou-se realidade. Após terminar seus estudos no Colégio Jesuíta, no Rio de Janeiro, ele foi para Portugal, onde graduou-se em direito na Universidade de Coimbra. Ao retornar para Vila Rica, capital de Minas Gerais, ele tornou-se um afortunado colono, minerador e advogado, participando ainda do governo como membro do conselho da cidade. Cláudio Manuel da Costa nunca se casou. Sua vida terminou tragicamente por suas próprias mãos, enquanto esperava ser julgado pela acusação de ter participado da "Inconfidência Mineira", movimento local de independência, o qual ainda encontrava-se apenas nos planos teóricos.

A poesia de Cláudio Manuel da Costa, embora reflita elementos de dois estilos, é caracterizada por um afastamento do estilo barroco (no que ele era doutrinado) e um enfoque predominante do arcadismo, uma manifestação clássica do século XVIII. Ele cultivou diversas formas, incluindo diálogos, baladas e até mesmo a épica, porém é considerado o mestre do soneto. Era conhecido por seu pseudônimo arcadiano, Glaucestes Satúrnio.

Cláudio Manuel da Costa

(1729–1789)

Cláudio Manuel da Costa was born near the town of Mariana in Minas Gerais. His parents had come to Brazil attracted by the promise of wealth from the mining of gold and precious stones, a promise that in their case was fulfilled. After completing his schooling at the Jesuit College in Rio de Janeiro, he went to Portugal where he took a law degree at the University of Coimbra. Returning to Vila Rica, the capital of Minas Gerais, he became a successful planter, miner, and attorney and participated in government as a member of the city council. He never married. His life ended tragically at his own hands while he was awaiting trial, accused of participating in the so-called "Inconfidência Mineira," the local independence movement that was still in the talking stages.

The poetry of Cláudio Manuel da Costa, although reflecting elements of both styles, is characterized predominately by a shift away from the baroque, in which he was schooled, towards the new Arcadian style, an eighteenth-century classical manifestation. He cultivated several forms, including dialogues, ballads, even the epic, but he is considered a master of the sonnet. His Arcadian name was Glaucestes Satúrnio.

"Faz a imaginação de um bem amado"

Faz a imaginação de um bem amado
Que nele se transforme o peito amante;
Daqui vem, que a minha alma delirante
Se não distingue já do meu cuidado.

Nesta doce loucura arrebatado
Anarda cuido ver, bem que distante;
Mas ao passo que a busco, neste instante
Me vejo no meu mal desenganado.

Pois se Anarda em mim vive, e eu nela vivo,
E por força da idéia me converto
Na bela causa de meu fogo ativo,

Como nas tristes lágrimas, que verto,
Ao querer contrastar seu gênio esquivo,
Tão longe dela estou, e estou tão perto!

Imagination causes one's beloved

Imagination causes one's beloved
To be transformed into the lover's heart;
Thus, with her now my ardent soul forms part
No more distinguished from the one I covet.

And while I'm carried off in sweet delusion
I think I see Anarda, at a distance;
But as I seek to find her, in that instance
I find that I'm mistaken by illusion.

If she's in me, and I'm alive in her,
And by the idea's power I'm transformed
Into the lovely cause my passions stir,

As with these tears of sadness, that I've formed,
Comparing gifts she won't on me confer,
I'm just as far as near to her conformed!

Lise

Pescadores do Mondego,
Que girais por essa praia,
Se vós enganais o peixe,
Também Lise vos engana.

Vós ambos sois pescadores;
Mas com diferença tanta,
Vós ao peixe armais com redes,
Ela co'os olhos vos arma.

Vós rompeis o mar ondoso,
Para assegurar a caça;
Ela aqui no porto espera,
Para lograr a filada.

Vós dissimulais o enredo,
Fingindo no anzol a traça;
Ela vos expõe patentes
As redes, com que vos mata.

Vós perdeis a noite, e dia,
Em contínua vigilância;
Ela em um só breve instante
Consegue a presa mais alta.

Guardai-vos pois, Pescadores,
Dos olhos dessa tirana;
Que para troféus de Lise,
Despojos de Alcemo bastam.

Enquanto as ondas ligeiras
Desta corrente tão clara
Inundarem mansamente
Estes álamos, que banham;

Eu espero que a memória
O conserve nestas águas,
Por padrão dos desenganos,
Por triunfo de uma ingrata.

E na frondosa ribeira
Deste rio, triste a alma
Girará sempre avisando
Quem lhe soube ser tão falsa.

Lise

Fishermen of the Mondego,
Who traverse along that shore,
If you're fooled at times by fish,
Lise too is fooling you.

You are fishers both of you;
But the difference is immense,
You catch fish using a net,
She can net you with her eyes.

You go fishing in the sea,
To assure an ample catch;
She awaits here at the port,
With an ample catch assured.

You will try to hide your nets,
And disguise a hook with bait;
She exposes all her charms,
All the wiles used on the kill.

You will spend both night, and day,
While attending to your vigil;
She can just in one brief instant
Snare the most important catch.

Oh beware then, Fishermen,
Of the eyes of this beguiler;
For the trophies Lise's won,
Were the best men of their day.

While the waves are swiftly moving
In this current oh so clear,
While they're inundating gently
Bathing 'round these poplar trees;

I sincerely hope this memory
Will preserve you in these waters,
As a marker of deceptions,
As the triumph of an ingrate.

And along the leafy shoreline
Of this river, sad the soul
Always roaming warning of her
Who knew how to treat him false.

❤ Basílio da Gama

(1740–1795)

José Basílio da Gama nasceu na atual cidade de Tiradentes, Minas Gerais. Estudou no Colégio Jesuíta, no Rio de Janeiro, até o período em que a Companhia de Jesus foi expulsa de todos os territórios portugueses. A sua detenção pelo tribunal da Inquisição interrompeu seus planos de estudar na Universidade de Coimbra. O poeta seria, então, exilado em Angola acusado de ser um simpatizante da ordem jesuítica, caso não houvesse a intervenção do Marquês de Pombal, que ficou encantado com o poema que Basílio da Gama havia dedicado a sua filha.

O poema épico em cinco cantos, *O Uraguai,* fora escrito em verso branco e reconta a expedição militar Luso-Hispânica contra as reduções indígenas que estavam sob a supervisão jesuítica. Os termos do tratado de Madri, de 1750, determinou que Sete Povos das missões jesuíticas deveriam ser transferidos da soberania espanhola para a portuguesa. Conta-se que os jesuítas não apenas advertiram os nativos contra essa modificação, mas também encorajou-os a resistir a entrega de suas terras. Basílio da Gama, temendo ser acusado de ser um simpatizante dos jesuíta outra vez, fez questão de apresentar aspetos negativos sobre os jesuítas, os quais eram fornecidos principalmente em notas de rodapé. Na seleção que se segue, o exército terá chegado à comunidade apenas para encontrá-la incendiada e em ruínas, entretanto, a construção artesanal indígena e a ornamentação artística das igrejas continuavam evidentes e são enaltecidas.

✿ Basílio da Gama

(1740–1795)

José Basílio da Gama was born in what is today Tiradentes, Minas Gerais. He studied at the Jesuit College in Rio de Janeiro up until the time that that order was expelled from all Portuguese territories. His plans to study at the University of Coimbra were interrupted when he was arrested by the Inquisition. Accused of being a Jesuit sympathizer, he would have been exiled to Angola had it not been for the intercession of the Marquês de Pombal, who had been pleased by the poem Basílio da Gama had dedicated to his daughter.

The five-canto epic poem *O Uraguai* (The Uruguay) is written in blank verse and recounts the Luso-Hispanic military expedition against the Indian reductions that had been under Jesuit supervision. According to the terms of the treaty of Madrid in 1750, seven Indian communities were to pass from Spanish to Portuguese sovereignty. The Jesuits, it was rumored, had not only warned their native charges against accepting such a change, but had encouraged them to resist it. Not wishing to be accused as a Jesuit sympathizer again, Basílio da Gama goes out of his way in his work to show the Jesuits in a poor light, especially in the footnotes he provides. In the selection that follows, the army has just arrived only to find that a community has been burned and now lies in ruins. The craftsmanship of the Indians in the construction of the buildings and their artistry in the ornamentation of the churches is nevertheless still evident and extolled.

O Uraguai
(seleção do Canto Quarto)

Por mais que o nosso General se apresse,
Não acha mais que as cinzas inda quentes,
E um deserto, onde há pouco era a cidade.
Tinham ardido as míseras choupanas
Dos pobres índios, e no chão caídos
Fumegavam os nobres edifícios,
Deliciosa habitação dos Padres.
Entram no grande Templo, e vêem por terra
As imagens sagradas. O áureo trono,
O trono, em que se adora um Deus imenso,
Que o sofre e não castiga os temerários,
Em pedaços no chão. Voltava os olhos
Turbado o General: aquela vista
Lhe encheu o peito de ira, e os olhos de água.
Em roda os seus fortíssimos guerreiros
Admiram, espalhados, a grandeza
Do rico Templo, e os desmedidos arcos,
As bases das firmíssimas colunas,
E os vultos animados, que respiram.
Na abóbada o artífice famoso
Pintara . . . mas que intento! as roucas vozes
Seguir não podem do pincel os rasgos.
Gênio da inculta América, que inspiras
A meu peito o furor, que me transporta;
Tu me levanta nas seguras asas.
Serás em paga ouvido no meu canto,
E te prometo, que pendente um dia
Adorne a minha lira os teus altares.

The Uruguay

(selection from Canto Four)

Regardless of how much our General hurries,
He only finds but ashes though still hot,
A desert now, where once there'd been a city.
The humble huts belonging to the Indians
Had burned, and lying on the ground in ruins
But smoking still were many August buildings,
Delicious habitations of the Priests.
They enter the great Temple, and see fallen
The holy images. The golden throne,
The throne, where one adores a God immense,
Who suffers long not punishing the foolish,
In pieces on the ground. He turned his eyes,
The General was in turmoil: that whole scene
Had filled his breast with ire, his eyes with tears.
And all around his strong and faithful soldiers
Admire, throughout, the great ornamentation
The Temple's richness, and enormous arches,
The bases of the columns firmly set,
The animated vaults, which seem to breathe.
And in the nave the famous artifice
Was painted . . . what design! their voices hoarse
Can't follow all the details of the brush.
Rude genius of America, inspiring
Within my breast a furor, that transports me;
Come lift me upwards with your steady wings.
Your work will be repaid heard through my song,
I promise you, that in some future time
My lyre one day will yet adorn your altars.

❤ Tomás Antônio Gonzaga

(1744–1810)

Tomás Antônio Gonzaga, filho e neto de magistrados brasileiros, nasceu na cidade do Porto, Portugal e foi educado na Bahia, porém retornou a Coimbra para graduar-se em direito. Mais tarde, foi designado magistrado em Vila Rica (atual Ouro Preto), capital de Minas Gerais. Aos quarenta e quatro anos, apaixonou-se por Dorotéia de Seixas, uma bela moça quase trinta anos mais jovem do que ele, a quem Tomás Antônio Gonzaga chamava de Marília e tentava cortejar com suas poesias. Ele tomou Dirceu como seu nome arcádico e publicou seus poemas de amor sob o título *Marília de Dirceu*.

Acompanhando o estilo neoclássico do período, o poeta experimentou utilizar galanteios, lógica e até mesmo suaves ameaças, a fim de conquistá-la. Seus planos de casamento foram interrompidos em 1789, quando Tomás Antônio Gonzaga fora preso por suspeita de participação na "Inconfidência Mineira", um movimento de independência que não chegou a sair do estágio de planejamento. Ele acabou sendo exilado a Moçambique, onde casou-se e prosperou.

❦ Tomás Antônio Gonzaga

(1744–1810)

Tomás Antônio Gonzaga, son and grandson of Brazilian magistrates, was born in Porto, Portugal. Raised in Bahia, but returning to Coimbra for his law degree, he was eventually appointed magistrate in Vila Rica (today Ouro Preto), capital of Minas Gerais, Brazil. Here at age forty-four he met and fell in love with Doroteia de Seixas, a beautiful young girl nearly thirty years his junior, whom he called Marília and whom he attempted to woo through his poetry. He took Dirceu as his Arcadian name and published his love poems as *Marília de Dirceu.*

Following the Arcadian neoclassical style of the day, he tried flattery, logic, and even mild threats to persuade her to be his. Plans for their marriage were interrupted in 1789 when he was arrested, suspected of participating in the "Inconfidência Mineira," the independence movement that never advanced beyond the talking stages. He was exiled to Mozambique, where he later married and prospered.

Lira XVIII

Não vês aquele velho respeitável,
     Que, à muleta encostado,
Apenas mal se move e mal se arrasta?
Oh! quanto estrago não lhe fez o tempo,
     O tempo arrebatado,
     Que o mesmo bronze gasta!

Enrugaram-se as faces e perderam
     Seus olhos a viveza;
Voltou-se o seu cabelo em branca neve;
Já lhe treme a cabeça, a mão, o queixo,
     Não tem uma beleza
     Das belezas que teve.

Assim também serei, minha Marília,
     Daqui a poucos anos,
Que o ímpio tempo para todos corre.
Os dentes cairão, e os meus cabelos.
     Ah! sentirei os danos,
     Que evita só quem morre.

Mas sempre passarei uma velhice
     Muito menos penosa.
Não trarei a muleta carregada:
Descansarei o já vergado corpo
     Na tua mão piedosa,
     Na tua mão nevada.

Nas frias tardes, em que negra nuvem
     Os chuveiros não lance,
Irei contigo ao prado florescente:
Aqui me buscarás um sítio ameno,
     Onde os membros descanse,
     E o brando Sol me aquente.

Lyre XVIII

Do you not see that venerable old man,
    That leans against his crutch,
Who hardly moves and barely drags himself?
What havoc time has wrought upon his person,
    It's time snatched from our clutch,
    That grinds down bronze itself!

His face is deeply furrowed and his eyes
    No liveliness contain;
His hair has long since turned as white as snow;
The palsy shakes his head, his hand, his chin,
    No beauty does remain
    Where once it fair did show.

That's how I'll end up also, my Marília,
    In not too many years,
Since cruel time for no one slows his pace.
I'll lose my teeth, my hair will also fall.
    I'll feel the pains and fears,
    Which all but dead men face.

However my old age will always have
    Less pain and less despair.
No crutches will assist me where I go:
I'll rest my broken, bent and twisted body
    In pious hands that care,
    In your white hands of snow.

On chilly afternoons when no black clouds
    Cause showers to descend,
To flowering meadows I shall go with you:
And there you'll find a perfect place for me,
    Where weary bones can mend,
    And sunshine warm me through.

Apenas me sentar, então, movendo
    Os olhos por aquela
Vistosa parte, que ficar fronteira,
Apontando direi: *Ali falamos,*
    Ali, ó minha bela,
    Te vi a vez primeira.

Verterão os meus olhos duas fontes,
    Nascidas de alegria;
Farão teus olhos ternos outro tanto;
Então darei, Marília, frios beijos
    Na mão formosa e pia,
    Que me limpar o pranto.

Assim irá, Marília, docemente
    Meu corpo suportando
Do tempo desumano a dura guerra.
Contente morrerei, por ser Marília
    Quem, sentida, chorando,
    Meus baços olhos cerra.

As soon as I sit down, I'll move my eyes
    To feast them over where
That lovely place lies waiting, very near,
And pointing I shall say: '*Twas there we spoke,*
    'Twas there, my beauty fair,
    That I first saw my dear.

Twin fountains from my eyes shall start to flow,
    They'll spring from happiness;
Your tender eyes will add more tears from crying;
Then my cold lips, Marília, shall caress
    Your pious hand of loveliness,
    Which wipes away my sighing.

And thus my life shall pass, Marília, sweetly,
    My body yet withstanding
The arduous war inhuman time has posed.
Then happy I shall die, for it's Marília
    Who, sadly, cries, while standing,
    To press my dim eyes closed.

Lira XXII

Muito embora, Marília, muito embora
Outra beleza, que não seja a tua,
Com a vermelha roda, a seis puxada,
    Faça tremer a rua;

As paredes da sala aonde habita
Adorne a seda e o tremó dourado;
Pendam largas cortinas, penda o lustre
    Do teto apainelado,

Tu não habitarás palácios grandes,
Nem andarás nos coches voadores;
Porém terás um Vate que te preze,
    Que cante os teus louvores.

O tempo não respeita a formosura;
E da pálida morte a mão tirana
Arrasa os edifícios dos Augustos,
    E arrasa a vil choupana.

Que belezas, Marília, floresceram,
De quem nem sequer temos a memória!
Só podem conservar um nome eterno
    Os versos, ou a história.

Se não houvesse Tasso, nem Petrarca,
Por mais que qualquer delas fosse linda,
Já não sabia o mundo se existiram
    Nem Laura, nem Clorinda.

É melhor, minha bela, ser lembrada
Por quantos hão-de vir sábios humanos,
Que ter urcos, ter coches e tesouros,
    Que morrem com os anos.

Lyre XXII

Even though, Marília, even though
Some beauty which is not your own assembling,
With scarlet wheel, that's smartly drawn by six,
    Should set the street to trembling;

And whether walls within her room, the boudoir,
In silk abound with gilded piers appealing;
Or flowing drapes, and crystal chandeliers
    Suspend from paneled ceiling,

Your dwelling won't a spacious palace be,
Nor will your coach fly faster than all blazes;
But you shall have a Poet to esteem you,
    Who'll always sing your praises.

Remember time has no respect for beauty;
And pallid death's tyrannic, outstretched hand
Destroys alike the rich Imperial mansion,
    Or hovel where they stand.

What beauties, my Marília, must have flourished,
Of whom we have no trace or even memory!
The power to immortalize a name
    Belongs to verse, or history.

Had there not been a Tasso or a Petrarch,
Regardless of how beautiful these *lindas*
The world would not remember their existence
    Not Laura's, nor Clorinda's.

It's best, my beauty, that you be remembered
By countless gifted souls from year to year,
Than have your horses, coaches, gold, and treasure,
    Which slowly disappear.

Lira XXX

Junto a uma clara fonte
A mãe de Amor se assentou;
Encostou na mão o rosto,
No leve sono pegou.

Cupido, que a viu de longe,
Contente ao lugar correu;
Cuidando que era Marília,
Na face um beijo lhe deu.

Acorda Vênus irada:
Amor a conhece; e então
Da ousadia, que teve,
Assim lhe pede o perdão:

Foi fácil, ó Mãe formosa,
Foi fácil o engano meu;
Que o semblante de Marília
É todo o semblante teu.

Lyre XXX

Close by a fountain cool and clear
The mother of Love sat for repose;
She leaned her face against her hand,
And soon in sleep her eyes did close.

Then Cupid, seeing her afar,
Came running, joyful, to that place;
And thinking her to be Marília,
Pressed his lips against her face.

Now Venus wakens angrily:
Love recognizes her; and then
Regarding his temerity,
Seeks pardon thus, for what had been:

'Twas easy, O Mother beautiful,
'Twas easy this mistake of mine;
The countenance Marília has
In every way is just like thine.

"A Moçambique, aqui, vim deportado"

A Moçambique, aqui, vim deportado,
Descoberta a cabeça ao sol ardente;
Trouxe por irrisão duro castigo
Ante a africana, pia, boa gente.
    Graças, Alcino amigo,
    Graças à nossa estrela!

Não esmolei, aqui não se mendiga;
Os africanos peitos caridosos
Antes que a mão o infeliz lhe estenda
A socorrê-lo correm pressurosos,
    Graças, Alcino amigo,
    Graças à nossa estrela!

To Mozambique, here now, I've come deported

To Mozambique, here now, I've come deported,
My head's uncovered in the burning sun;
I'm brought to sore derisive punishment
Before the good and pious African.
    Thanks, my friend Alcino,
    Thanks be to our star!

I didn't ask for alms, here there's no begging;
The charitable Africans have made
Before a poor man's hand can be outstretched
A hurried dash to offer him their aid,
    Thanks, my friend Alcino,
    Thanks be to our star!

❦ Silva Alvarenga

(1749–1814)

Silva Alvarenga nasceu em Vila Rica, capital de Minas Gerais. Embora considerado de origem humilde—seus pais eram um músico de baixa condição econômica e uma negra—ele foi capaz de assegurar uma boa educação e mais tarde garantir influentes posições sociais. Após terminar seus estudos no Rio de Janeiro, ele foi para a Universidade de Coimbra, em Portugal, onde graduou-se em direito. Morou na Europa, Minas Gerais e no Rio de Janeiro, onde exerceu advocacia e foi professor de retórica e poesia. Provavelmente, dentre todos os seus contemporâneos, ele tenha sido o poeta mais influenciado pela literatura francesa daquela época. Defendia as idéias político-liberais engendradas pela revolução francesa e aplicava-as tanto contra o sistema educacional repressor de Portugal, quanto à ausência de autonomia política no Brasil. Silva Alvarenga esteve teórica e praticamente envolvido na tentativa de influenciar a nova geração, o que lhe custou três anos de prisão, sem nunca ter sido acusado de qualquer tipo de crime. Seu trabalho mais famoso, entitulado *Glaura,* traduz-se numa coleção de poemas dedicados a sua musa ou ao pseudônimo de seu interesse amoroso, embora ele nunca tivesse vindo a se casar.

Silva Alvarenga reuniu um certo número de formas neoclássicas em seu trabalho, incluindo a epístola, com suas coplas rimadas, além de suas especialidades, o madrigal e o rondó, sendo este último uma criação sua, proveniente da adaptação de uma forma italiana composta de uma série de rimas internas.

Silva Alvarenga

(1749–1814)

Silva Alvarenga was born in Vila Rica, capital of Minas Gerais. Although he was considered of humble origins—the son of a poor musician and a Black woman—he was able to secure a good education and later held positions of influence in education. After completing his studies in Rio de Janeiro, he went to the University of Coimbra in Portugal, where he graduated in law. He lived in Europe, Minas, and Rio de Janeiro, where he practiced law and was a professor of rhetoric and poetry. Of all his contemporaries, he was probably the poet who was most influenced by the French literary tastes of the day. He espoused as well the liberal political ideas engendered by the French Revolution and applied them against the repressive educational system of Portugal and the lack of political autonomy in Brazil. He was vocally active in attempts to influence the rising generation, which caused him to be imprisoned for three years without ever having been charged with a crime. His most famous work is *Glaura,* a collection of poems dedicated to his muse, the name he gives to his love interest. He never married, however.

Silva Alvarenga cultivated a number of neoclassical forms including the epistle, with its rhyming couplets, but his specialties are the madrigal and a type of rondo, the latter being his own invention—an adaptation of an Italian form with a series of interior rhymes.

O beija-flor
(rondó)

Deixo, ó Glaura, a triste lida
Submergida em doce calma;
E a minha alma ao bem se entrega,
Que lhe nega o teu rigor.

Neste bosque alegre e rindo
Sou amante afortunado,
E desejo ser mudado
No mais lindo beija-flor.

Todo o corpo num instante
Se atenua, exala e perde;
É já de oiro, prata e verde
A brilhante e nova cor.

Deixo, ó Glaura, a triste lida
Submergida em doce calma;
E a minha alma ao bem se entrega,
Que lhe nega o teu rigor.

Vejo as penas e a figura,
Provo as asas, dando giros;
Acompanham-me os suspiros,
E a ternura do pastor.

E num vôo feliz ave
Chego intrépido até onde
Riso e pérolas esconde
O suave e puro amor.

Deixo, ó Glaura, a triste lida
Submergida em doce calma;
E a minha alma ao bem se entrega,
Que lhe nega o teu rigor.

The Hummingbird

(rondo)

I leave, oh Glaura, my sad duties
Submerged in beauty's sweetest calm;
My soul for balm to love will turn,
Which you do spurn so rigidly.

Within this glen where joy is heard
Good fortune smiles upon this lover,
I wish for change and soon discover
A hummingbird I soon will be.

Then instantly my body fades,
Compacts, exhales and sheds the old;
And now I'm silver, green and gold
New brilliant shades that color me.

I leave, oh Glaura, my sad duties
Submerged in beauty's sweetest calm;
My soul for balm to love will turn,
Which you do spurn so rigidly.

I see my form and feathers, too,
I try my wings, and take a spin;
The sighs and admiration win,
Of shepherds who are watching me.

With joy I take my flight above
Arrive intrepid where are found
The pearls and laughter which abound
That's hid by love so tenderly.

I leave, oh Glaura, my sad duties
Submerged in beauty's sweetest calm;
My soul for balm to love will turn,
Which you do spurn so rigidly.

Toco o néctar precioso,
Que a mortais não se permite;
É o insulto sem limite,
Mas ditoso o meu ardor;

Já me chamas atrevido,
Já me prendes no regaço;
Não me assusta o terno laço.
É fingido o meu temor.

Deixo, ó Glaura, a triste lida
Submergida em doce calma;
E a minha alma ao bem se entrega,
Que lhe nega o teu rigor.

Se disfarças os meus erros,
E me soltas por piedade,
Não estimo a liberdade,
Busco os ferros por favor.

Não me julgues inocente,
Nem abrandes meu castigo,
Que sou bárbaro inimigo,
Insolente e roubador.

Deixo, ó Glaura, a triste lida
Submergida em doce calma;
E a minha alma ao bem se entrega,
Que lhe nega o teu rigor.

I drink the precious nectar dry,
A prize denied to mortal man;
Such ardor does my fortune fan,
Offend, could I, propriety;

You call me daring now and bold,
As you secure me in your lap;
But I don't fear the tender trap.
The fright I hold is feigned, you see.

I leave, oh Glaura, my sad duties
Submerged in beauty's sweetest calm;
My soul for balm to love will turn,
Which you do spurn so rigidly.

Should you disguise my faults insane,
And in your mercy set me free,
I won't be pleased with liberty,
The iron chain I seek for me.

You should not judge me innocent,
Nor should your punishment be less,
For I'm your foe and do confess,
I'm insolent and rob with glee.

I leave, oh Glaura, my sad duties
Submerged in beauty's sweetest calm;
My soul for balm to love will turn,
Which you do spurn so rigidly.

"Neste áspero rochedo"
(madrigal)

Neste áspero rochedo,
A quem imitas, Glaura sempre dura,
Gravo o triste segredo
Dum amor extremoso e sem ventura.
Os faunos da espessura
Com sentimento agreste
Aqui meu nome cubram de cipreste;
Ornem o teu as ninfas amorosas
De goivos, de jasmins, lírios e rosas.

Upon this rocky peak

(madrigal)

Upon this rocky peak,
Which you, hard Glaura, imitate so well,
My secret sorrows speak
Of unrequited love that cast its spell.
The woodland fauns can tell
And in their rustic game
With cypresses should cover up my name;
Your name the nymphs of love should dress with bowers
With roses, jasmines, lilies, gillyflowers.

INDEPENDENT EMPIRE

IMPÉRIO INDEPENDENTE

❦ Gonçalves Dias

(1823–1864)

Gonçalves Dias, nascido na cidade de Caxias, Maranhão, era filho natural de pai português e mãe mestiça. Virtualmente renegado após o falecimento de seu pai, ele pode completar os estudos na Universidade de Coimbra, onde graduou-se em direito. De volta ao Maranhão, ele apaixonou-se pela filha de um próspero comerciante, pedindo sua mão em casamento. Seu pedido, no entanto, fora recusado pelo pai de sua pretendente, justificando que um poeta não poderia sustentar a sua filha da maneira com a qual ela estava acostumada. A verdadeira razão, porém, era o preconceito racial, visto que Gonçalves Dias era mulato. Sua amada havia lhe dito que iria com ele a qualquer lugar, mesmo que para isso ela fosse deserdada. No entanto, o poeta recusou essa manifestação de amor, parcialmente devido ao seu orgulho ferido. Mais tarde ele desposou uma outra mulher, também rica, porém manteve a afeição pelo seu primeiro amor.

Considerado o melhor poeta romântico, Gonçalves Dias estabeleceu a literatura nacional com seus versos amorosos ricamente sensuais, exaltação das belezas naturais de sua terra natal e descrição dos índios. A sua "Canção do exílio" até hoje é um dos poemas mais populares na língua portuguesa. Anos depois ao retornar de Portugal, o poeta faleceu tragicamente num naufrágio perto da costa brasileira.

❦ Gonçalves Dias

(1823–1864)

Gonçalves Dias, the natural son of a Portuguese father and a mixed-race servant, was born in Caxias, Maranhão. Virtually disowned when his father died, he still managed to study at the University of Coimbra, where he obtained his law degree. Back in Maranhão, he fell in love with a wealthy merchant's daughter and asked for her hand in marriage, but her father refused the offer on the grounds that a poet could not earn a sufficient living to support his daughter in the manner to which she was accustomed. The real reason, however, was racial prejudice: Gonçalves Dias was a mulatto. His beloved said she would go with him anyway even though it meant she would be disowned, but he refused, partly as a matter of honor for his wounded pride. He later married another woman, also rich, but always held tender feelings for his first love.

Considered to be the best romantic poet, Gonçalves Dias established the national literature with his rich, sensuous love verse; with his praise of the natural beauties of his homeland; and by his portrayal of the Indian. His "Song of Exile" is one of the most popular poems in the Portuguese language to this day. Many years later while returning sick from Portugal, he died tragically in a shipwreck off the coast of Brazil.

Canção do exílio

Minha terra tem palmeiras,
Onde canta o Sabiá;
As aves, que aqui gorjeiam,
Não gorjeiam como lá.

Nosso céu tem mais estrelas,
Nossas várzeas têm mais flores,
Nossos bosques têm mais vida,
Nossa vida mais amores.

Em cismar, sozinho, à noite,
Mais prazer encontro eu lá;
Minha terra tem palmeiras,
Onde canta o Sabiá.

Minha terra tem primores,
Que tais não encontro eu cá;
Em cismar—sozinho, à noite—
Mais prazer encontro eu lá;
Minha terra tem palmeiras,
Onde canta o Sabiá.

Não permita Deus que eu morra,
Sem que eu volte para lá;
Sem que desfrute os primores
Que não encontro por cá;
Sem qu'inda aviste as palmeiras,
Onde canta o Sabiá.

Song of Exile

In my country there are palm trees,
Where the Sabiá sings fair;
And the birds, which here do warble,
Do not warble like those there.

In our skies there are more stars,
In our fields more flowers abound,
In our forests there's more life,
In our life more love is found.

As I dream, alone, at evening,
Much more joy do I find there;
In my country there are palm trees,
Where the Sabiá sings fair.

In my country there are beauties,
I can't find here anywhere;
As I dream—alone, at evening—
Much more joy do I find there;
In my country there are palm trees,
Where the Sabiá sings fair.

May God not permit my dying,
Without first returning there;
Without savoring the beauties
I can't find here anywhere;
Without seeing still the palm trees,
Where the Sabiá sings fair.

Marabá*

Eu vivo sozinha; ninguém me procura!
    Acaso feitura
    Não sou de Tupá?
Se algum dentre os homens de mim não se esconde,
    —Tu és, me responde,
    —Tu és Marabá!

—Meus olhos são garços, são cor das safiras,
—Têm luz das estrelas, têm meigo brilhar;
—Imitam as nuvens de um céu anilado,
—As cores imitam das vagas do mar!

Se algum dos guerreiros não foge a meus passos:
    "Teus olhos são garços,"
Responde enojado; "mas és Marabá:
"Quero antes uns olhos bem pretos, luzentes,
    "Uns olhos fulgentes,
"Bem pretos, retintos, não cor d'anajá!"†

—É alvo meu rosto da alvura dos lírios,
—Da cor das areias batidas do mar;
—As aves mais brancas, as conchas mais puras
—Não têm mais alvura, não têm mais brilhar.

Se ainda me escuta meus agros delírios:
    "És alva de lírios,"
Sorrindo responde; "mas és Marabá:
"Quero antes um rosto de jambo corado,
    "Um rosto crestado
"Do sol do deserto, não flor de cajá."†

* Mestiça
† Flora brasileira de cor alva ou dourada.

Marabá*

I live all alone; no one seeks me; they hate me!
    Did he not create me
    Aren't I from *Tupá?*
If one of the men doesn't hide when he meets me,
    —He says, as he greets me,
    —You are *Marabá!*

—My eyes are blue-green, they're the color of sapphires,
—It's starlight that fills them, they glow tenderly;
—They imitate clouds of an indigo heaven,
—They imitate colors of billowing sea!

If some of the warriors don't run when they hear me:
    "Your blue eyes endear me,"
One spitefully tells me; "but you're *Marabá:*
"I'd rather have dark eyes, deep-hued shining sprightly,
    "Two eyes flashing brightly,
"Pitch black as the night, not the pale *anajá!*"†

—My cheeks are as white as the delicate lily,
—The color of sand when it's washed by the sea;
—The fairest of birds, and the purest of sea shells
—Are not any whiter, nor brighter than me.

If he is still listening to my tragic story:
    "You're fair, morning glory,"
He smiles as he tells me; "but you're *Marabá:*
"I wish for a face that's dark brown as is proper,
    "A face tanned like copper
"By sun from the desert, not flower of *cajá.*"†

* Half-caste
† Brazilian flora of a light-colored or golden hue.

—Meu colo de leve se encurva engraçado,
—Como hástea pendente do cáctus em flor;
—Mimosa, indolente, resvalo no prado,
—Como um soluçado suspiro de amor!

"Eu amo a estatura flexível, ligeira,
    "Qual duma palmeira,"
Então me respondem; "tu és Marabá:
"Quero antes o colo da ema orgulhosa,
    "Que pisa vaidosa,
"Que as flóreas campinas governa, onde está."

—Meus loiros cabelos em ondas se anelam,
—O oiro mais puro não tem seu fulgor;
—As brisas nos bosques de os ver se enamoram,
—De os ver tão formosos como um beija-flor!

Mas eles respondem: "Teus longos cabelos,
    "São loiros, são belos,
"Mas são anelados; tu és Marabá:
"Quero antes cabelos, bem lisos, corridos,
    "Cabelos compridos,
"Não cor d'oiro fino, nem cor d'anajá."

E as doces palavras que eu tinha cá dentro
    A quem nas direi?
O ramo d'acácia na fronte de um homem
    Jamais cingirei:

Jamais um guerreiro da minha arasóia
    Me desprenderá:
Eu vivo sozinha, chorando mesquinha,
    Que sou Marabá!

—My figure curves lightly, so gracefully gentle,
—Like blooms on a cactus that arch from above;
—And childlike I play, running free through the meadow,
—As light as a whisper, a soft sigh of love!

"I love a sleek figure, so supple when playing,
    "Like palm trees while swaying,"
But then they will tell me, "you are *Marabá:*
"My preference's the neck the proud rhea holds steady,
    "Who struts around heady,
"And governs the meadows and fields of *cajá.*"

—My blond hair is wavy, the curls hang in ringlets,
—The purest of gold is no match for its shine;
—The breeze in the trees of the wood is enamored,
—To see hair so lovely, so hummingbird-fine!

Yet they always tell me: "Your long golden tresses,
    "Though lovely, distress us,
"They curl into ringlets; you are *Marabá:*
"I'd rather have straight hair, that's smooth and yet flowing,
    "Long hair that's worth showing,
"Not colored with gold dust, not like *anajá.*"

The sweet, tender words that I've saved up inside me
    With whom shall I share?
A branch of acacia tied round a man's forehead
    I'll never prepare:

And never a warrior shall loosen my loincloth
    And claim me, *Tupá:*
I live all alone, always crying, just dying,
    For I'm *Marabá!*

Desejo

Ah! que eu não morra sem provar ao menos
Sequer por um instante, nesta vida
    Amor igual ao meu!
Dá, Senhor Deus, que eu sobre a terra encontre
Um anjo, uma mulher, uma obra tua,
    Que sinta o meu sentir;
Uma alma que me entenda, irmã da minha,
Que escute o meu silêncio, que me siga
    Dos ares na amplidão!
Que em laço estreito unidas, juntas, presas,
Deixando a terra e o lodo, aos céus remontem
    Num êxtase de amor!

Desire

Oh please! don't let me die without first tasting
If only for an instant, in this life
    A love as strong as mine!
Oh grant, dear God, that on this earth I find
An angel, or a woman, your creation,
    Who feels the way I feel;
A soul who'll understand, a kindred spirit,
Who'll listen to my silence, follow me
    Through vast immensities!
And bound as one, united, joined together,
We'd leave the earth and to the heavens fly
    In ecstasy of love!

❦ Sousândrade

(1832–1902)

Joaquim de Sousa Andrade (Sousândrade) nasceu numa fazenda no município de Guimarães, perto de Alcântara, Maranhão. Embora falte documentação, teria estudado letras na Sorbonne e engenharia na Escola de Minas em Paris. Sabe-se que depois viveu nos Estados Unidos uns dez anos (de 1871 até 1878, e novamente de 1880 até 1882). Após de viajar na Europa por um tempo, retornou para sua terra natal. Em 1889, seguindo-se a Proclamação da República, foi nomeado o primeiro intendente da capital, São Luís.

O escritor peruano Ricardo Palma denominou o poema épico de Sousândrade, *O Guesa,* como o ideal do americanismo literário. Porém seus leitores brasileiros não podiam apreciar ou acompanhar as referências relativas à política americana e cultura popular. Já seus leitores americanos, embora fossem familiarizados com essas informações, não podiam ler Português e, dessa forma, o trabalho desse poeta tornou-se negligenciado e esquecido.

Redescoberto na década de 60 pelos poetas concretistas brasileiros, não foi o americanismo de Sousândrade que recebeu atenção, mas sim, o que agora reconhecemos como elementos modernistas encontrados na seção "Inferno de Wall Street" do poema. Este era o local onde o Guesa, ou a vítima do sacrifício indígena, (intimamente identificado com o próprio Sousândrade), tentava escapar de seus perseguidores, chegando até à bolsa de valores. A utilização de temas justapostos, sintaxe truncada e neologismos audaciosos capacitou esse poeta brasileiro vivendo em Nova York a captar o exagerado espírito do chamado "Gilded Age" americano. Ele fez uma revisão da vida e história americanas, investindo contra a expansão industrial e satirizando a hipocrisia religiosa sob estrofes obscuras e irônicas, rememorativas dos *Cantos,* de Ezra Pound e da *42a Paralela,* de John dos Passos. O "Inferno", de Sousândrade, a primeira interpretação poética do nascimento capitalista dos E. U., é a mais original e criativa composição poética produzida no Brasil durante o século XIX.

❦ Sousândrade

(1832–1902)

Joaquim de Sousa Andrade (Sousândrade) was born on a farm in the municipality of Guimarães, near Alcântara, Maranhão. Although documentation is lacking, he is said to have studied literature at the Sorbonne and engineering at the School of Mines in Paris. He later lived in the United States over a period of some ten years (between 1871 and 1878 and again between 1880 and 1882). Following a period of travel in Europe, he was back home in Maranhão when the monarchy was toppled and the Republic was established in 1899; he became the first mayor of Maranhão's capital, São Luís.

Peru's Ricardo Palma called Sousândrade's epic poem, *O Guesa,* the ideal of Americanism in literature. However, his Brazilian audience could not appreciate nor follow the references to American politics and popular culture. His American readers, although familiar with the topical references, could not read Portuguese. In the end, the work of this poet was overlooked and forgotten.

Rediscovered in the 1960s by Brazil's concrete poets, Sousândrade has received attention not for his Americanism but rather for what is now recognized as modernist elements in the "Inferno of Wall Street" section of the poem. This section describes the attempt of the *Guesa,* or Indian sacrificial victim (closely identified with Sousândrade himself), to escape from his pursuers by entering into the stock exchange. The use of juxtaposed themes, truncated syntax, and audacious neologisms enabled this Brazilian poet living in New York to capture the meretricious spirit of the Gilded Age. He reviews American life and history, attacks big business, and satirizes religious hypocrisy in cryptic, ironic stanzas reminiscent of Ezra Pound's *Cantos* and John dos Passos' *42nd Parallel.* Sousândrade's "Inferno," the first poetical rendering of the capitalist birth of the United States, is arguably the most original and creative poetic composition produced in Brazil during the nineteenth century.

A escrava

Que triste sorte arrasta-me esta vida—
Escrava eu sou, não tenho liberdade!
Da branca eu tenho inveja, que tem suas
    Todas horas do dia!

Eu sinto a me crescer vida nos anos,
E mais veloz que a vida amor eu sinto
Abrindo em flor em mim . . . eu sou escrava,
    Minha fronte servil . . .

Por estes céus meus olhos se amortecem,
Lá nas plagas de Anil piedosos cansam . . .
Só para o horror da escravidão perdida
    Nestes céus não há Deus!

Um Deus como o da branca e os passarinhos,
Como o da flor, como o de todo o mundo,
E só da escrava não! . . . São as estrelas
    As luzes do seu templo.

Tenho amor, sinto dor, minha alma é bela
Na sua primavera a espanejar-se!
Porém nas próprias asas me recolho,
    As cresta o cativeiro.

Nenhum raio do sol não me pertence,
Eu nunca o vi nascer; quando ele morre,
Ainda o róseo encarnado do ocidente
    Não posso à tarde olhar.

Mesmo esta hora, que furto à meia noite
Ao meu descanso do alquebrado corpo,
Quando vejo estrelinhas nos meus olhos
    Como no manso rio,

The Slave Girl

What sorrowful fate impels me through this life—
I am a slave, I have no liberty!
I'm envious of the white girl, who has hers
    Each hour of the day!

I feel life coursing through me more each year,
And even faster grows this love I feel
It's blossoming within . . . I am a slave,
    My forehead's bowed and servile . . .

Beneath these skies my eyes grow dim near dying,
By regions of Anil devoutly tiring . . .
Alone and lost, I'm left to slavery's horrors
    These heavens know not God!

A God like one the birds and white girl have,
Like one the flowers and the whole world has,
And just the slave girl none! . . . The stars above
    Are candles in her temple.

I'm filled with love, feel pain, my soul is lovely
Its cleansing spring unfolds, I take on beauty!
Yet even as I spread my wings, I shrink,
    Captivity has singed them.

No ray of sun belongs to me, not one,
I've never seen the sun rise; when it dies,
Not even rosy reds that paint the west
    Can I behold at evening.

And even this brief hour I steal at midnight
From rest my weak and weary body needs,
To see the stars reflected in my eyes
    As in the peaceful brook,

Eu não tenho-a segura! o vento leve,
A lua como eu sou d'alvas camisas,
Fazem-me estremecer—raivando escuto
    Meus soberbos senhores;

E escondo-me, que a gente não me veja,
Nas sombras da folhosa bananeira . . .
E os insetos noturnos me parecem
    Denunciar meu crime—

Oh! não digam que eu venho ao astro pálido
Minha sorte chorar! Eu tenho inveja
Da branca, porque tem todas as horas
    Do dia todo inteiro!

Eu sou bela também; minha alma é pura,
Mais que a sua, talvez . . . cansam os membros
Somente o cru servir, nervosos medos
    E da morte o delírio . . .

Tenho inveja da branca; assim como ela,
Quanto eu fora feliz! Mas onde a esp'rança?
Fugida passo a noite aos céus olhando,
    E não vejo o meu Deus—

O Deus da branca, o Deus dos passarinhos,
O Deus da flor, o Deus de todo o mundo,
E só da escrava não! . . . São as estrelas
    O adorno do seu templo.

Is not securely mine! the gentle breeze,
The moon, who like myself is dressed in white,
Cause me to tremble—and with rage I hear
    My haughty masters coming;

I quickly hide myself so they'll not see me,
In shadows of the leafed banana tree . . .
And it would seem to me nocturnal insects
    Denounce my simple crime—

Oh! please don't tell I come to this pale star
To cry over my fate! I'm envious of
The white girl, for she has each of the hours
    Of day all to herself!

But I am lovely too; my soul is pure,
Perhaps more than her own . . . my arms are tired
Of cruel and constant bondage, nervous fear
    Delirium of death . . .

I'm envious of the white girl; if like her,
How happy I'd have been! But where is hope?
My stolen steps at night to view the heavens,
    Reveal no God for me—

The white girl's God, the God of little birds,
The God of flowers, God of all the world,
And for the slave girl none! . . . The stars above
    Add beauty to her temple.

O inferno de Wall Street

(seleções)

1   (O GUESA tendo atravessado as ANTILHAS, crê-se livre dos XEQUES e penetra em
NEW-YORK-STOCK-EXCHANGE; a VOZ, dos desertos:)

—Orfeu, Dante, Æneas, ao inferno
Desceram; o Inca há de subir . . .
     =*Ogni sp'ranza lasciate,*
         Che entrate . . .
—Swedenborg, há mundo porvir?

2   (Xeques surgindo risonhos e disfarçados em Railroad-*managers*, Stockjobbers,
Pimpbrokers, etc., etc., apregoando:)

—Harlem! Erie! Central! Pennsylvania!
=Milhão! cem milhões!! mil milhões!!!
     —Young é Grant! Jackson,
         Atkinson!
Vanderbilts, Jay Goulds, anões!

3   (A VOZ mal ouvida dentre a trovoada:)

—Fulton's *Folly*, Codezo's *Forgery* . . .
Fraude é o clamor da nação!
     Não entendem odes
         Railroads;
Paralela Wall-Street à Chattám . . .

5   (NORRIS, *Attorney;* CODEZO, *inventor;* YOUNG, Esq., *manager;* ATKINSON, *agent;*
ARMSTRONG, *agent;* RHODES, *agent;* P. OFFMAN & VOLDO, *agents;* algazarra,
miragem; ao meio, o GUESA:)

—Dois! três! cinco mil! se jogardes,
Senhor, tereis cinco milhões!
     =Ganhou! ha! haa! haaa!
         —Hurrah! ah! . . .
—Sumiram . . . seriam ladrões? . . .

The Wall Street Inferno
(selections)

1   (The GUESA having crossed the ANTILLES, believes himself free of the SHAMAN and penetrates into the NEW-YORK-STOCK-EXCHANGE; the VOICE, from the deserts:)

—Orpheus, Dante, Æneas to the inferno
Descended; the Inca shall rise . . .
    = *Ogni sp'ranza lasciate,*
        Che entrate . . .
—Swedenborg, will new worlds arise?

2   (Shaman emerge smiling and, disguised as Railroad-*managers,* Stockjobbers, Pimpbrokers, etc., etc., cry out:)

—Harlem! Erie! Central! Pennsylvania!
= A million! a billion!! more digits!!!
    —Young is Grant! Jackson,
        Atkinson!
Vanderbilts, Jay Goulds, midgets!

3   (The VOICE barely audible above the thunder:)

—Fulton's *Folly,* Codezo's *Forgery* . . .
Fraud! cries the nation, deceit!
    They don't understand odes
        Railroads;
Parallel to Chattam's Wall Street . . .

5   (NORRIS, *Attorney;* CODEZO, *inventor;* YOUNG, Esq., *manager;* ATKINSON, *agent;* ARMSTRONG, *agent;* RHODES, *agent;* P. OFFMAN & VOLDO, *agents;* outcries, mirage; in the middle, the GUESA:)

—Two! three! five thousand! if gambled,
Five million you'll have Sir, with ease!
    = He won! ha! haa! haaa!
        Hurrah! ah! . . .
—They've vanished . . . could they have been thieves? . . .

7   (*Mob* violentada:)

   —Mistress Tilton, Sir Grant, Sir Tweed,
   Adultério, realeza, ladrão,
         Em masc'ras nós (rostos
               Compostos)
   Que dancem à eterna *Lynch Law!*

9   (TILTON gemendo com as dores de cabeça de JÚPITER:)

   —Palas! Palas! sermão de Sátan!
   Cheira a corno a *beecher* moral!
         Hui! sermões de chama
               Madama
   Ouviu de Plymouth ao zagal!

12   (Dois renegados, católico, protestante:)

   —*Confiteor, Beecherô . . . l' Épouse*
   N'eut jamais d'aussi faux autel!
         —*Confiteor . . . Hyacinth*
               Absinth,
   Plymouth was barroom, was bordel!

15   (SAMARITANAS pretas vendendo ponche no templo de ZYON:)

   —*Halloo!* fonte esta é de Betsaida!
   O gado aí bebeu de Jacó!
         Senhores Jesus,
               A este jus
   Noé temperava o gogó!

16   (HIEROSOLIMITANAS brancas vendendo 'beijos a 25 *cents,* nas *church fairs*':)

   —África borrou toda a América,
   Qual guaribas ao caçador;
         Muito o Índio queria:
               Honraria
   E Deus de Las Casas e amor!

7   (Violated *mob:*)

—Mistress Tilton, Sir Grant, Sir Tweed,
Adultery, royalty, thief,
    In masks we (our faces
        No traces)
Make 'em dance *Lynch Law's* tune to their grief!

9   (TILTON moaning with the headaches of JUPITER:)

—Pallas! Pallas! Satanical sermon!
The moral smells cuckold and *Beecher!*
    Whew! sermons of flame
        Oh my dame
Heard from Plymouth's great shepherd and preacher!

12   (Two renegades, Catholic, Protestant:)

—*Confiteor, Beecherô . . . l' Épouse*
N'eut jamais d'aussi faux autel!
    —*Confiteor . . . Hyacinth*
        Absinth,
Plymouth was barroom, was bordel!

15   (Black SAMARITAN women selling punch in the temple of ZION:)

—*Halloo!* this fair font is Bethesda's!
Where Jacob led cattle to drink!
    Sirs, Jesus did justice,
        But notice
When Noah would tipple he'd sink!

16   (White JERUSALEMITE women selling 'kisses for 25 *cents,* at *church fairs*':)

—Africa blurred all America,
Like monkeys flee hunters above;
    The Indian wants much:
        Honor and such
And God de Las Casas and love!

18   (Fiéis esposas encomendando preces por seus maridos que só têm gosto pelo
whiskey e a morfina; MOODY:)

  —Ai! todo o Hipódromo os lamente!
Rezai, Mister Moody, pros réus! . . .
    =Temp'rança, cães-gozos
       Leprosos!
Sois que nem conversos Judeus!

20   (DUQUE ALEXIS recebendo *freeloves* missivas; BRIGHAM:)

  —De quantas cabeças se forma
Um grande rebanho mormão?
    =De ovelha bonita,
       Levita,
Por vezes s'inverte a equação.

37   (Democratas e Republicanos:)

  —É de Tilden a maioria;
É de Hayes a inauguração!
    =Aquém, carbonário
      Operário;
Além, o deus-uno Mamão!

44   (Salvados passageiros desembarcando do ATLÂNTICO; HERALD deslealmente
desafinando a imperial 'ouverture':)

  —Agora o Brasil é república;
O Trono no Hevilius caiu . . .
    But we picked it up!
      Em farrapo
'Bandeira Estrelada' se viu.

18   (Faithful wives commending prayers on behalf of their husbands, whose tastes run
      only to whiskey and morphine; MOODY:)

—The whole Hippodrome should lament them!
Pray, Moody, for those we accuse! . . .
   =Temperance, dog-delight
         Leprous-sight!
You're just like some new convert Jews!

20   (DUKE ALEXIS receiving *freeloves* missives; BRIGHAM:)

—Out of how many heads may one form
A large Mormon flock when it's herded?
   =By one pretty sheep might,
         Levite,
The equation at times be inverted.

37   (Democrats and Republicans:)

—Though Tilden has won the majority;
The inaugural address will be Hayes'!
   =The latter's a carbonary
         Functionary;
The former's God Mammon, him praise!

44   (Rescued passengers disembark from the ATLANTIC; the HERALD disloyally playing
      the imperial 'ouverture':)

—Now is Brazil a republic;
The Throne on Hevilius was felled . . .
      But we picked it up!
         Like a rag mop
Was the 'Star Spangled Banner' beheld.

106 (Procissão internacional, povo de Israel, Orangianos, Fenianos, Budas, Mormons, Comunistas, Niilistas, Farricocos, Railroad-Strikers, All-brokers, All-saints, All-devils, lanternas, música, sensacão; Reporters: passa em LONDON o 'assassino' da RAINHA e em PARIS 'Lot' o fugitivo de SODOMA:)

—No Espírito-Santo d'escravos
Há somente um Imperador;
    No dos livres, verso
        Reverso,
É tudo coroado Senhor!

108 (SWEDENBORG respondendo depois:)

—Há mundos futuros: república,
Cristianismo, céus, Loengrim.
    São mundos presentes:
        Patentes,
Vanderbilt-North, Sul-Serafim.

109 (Ao fragor de JERICO encalha HENDRICK HUDSON; os ÍNDIOS vendem aos HOLANDESES a ilha de MANHATTAN malassombrada:)

—A Meia-Lua, proa pra China,
Está crenando em Tappan-Zee . . .
    Hoogh moghende Heeren . . .
        Pois tirem
Por *guildens* sessenta . . . *Yea! Yea!*

176 (Magnético *handle-organ; ring* d'ursos sentenciando à pena-última o arquiteto da FARSÁLIA; Odisseu fantasma nas chamas dos incêndios d'Álbion:)

—Bear . . . Bear é ber'beri, Bear . . . Bear . . .
=Mammumma, mammumma, Mammão!
    —Bear . . . Bear . . . ber' . . . Pegasus . . .
        Parnasus . . .
=Mammumma, mammumma, Mammão.

106 (International procession, children of Israel, Orangemen, Fenians, Buddhas, Mormons, Communists, Nihilists, hooded trumpeters, Railroad-Strikers, All-brokers, All-saints, All-devils, lanterns, music, sensation; Reporters: passing through the 'assassin' of the QUEEN in LONDON and in PARIS, 'Lot', the fugitive of SODOM:)

—When slaves hold the Holy Ghost feast day
One Emperor only is found;
    When held by the free, verse
        Reverse,
Each is Lord spiritually crowned!

108 (SWEDENBORG answering subsequently:)

—There are future worlds: republic,
Christianity, heaven, Lohengrin.
    The world's presently:
        Patently,
Vanderbilt-North, South-Seraphim.

109 (With the clamor of JERICHO, HENRY-HUDSON comes ashore; the INDIANS sell the haunted island of MANHATTAN to the DUTCH:)

—The Half-Moon, its bow facing China,
Is creening inside Tappan-Zee . . .
    Hoogh moghende Heeren . . .
        Sixty *gulden*
Is all that it costs us . . . *Hee! Hee!*

176 (Magnetic *handle-organ; ring* of bears sentencing the architect of the PHARSALIA to the maximum penalty; the ghost of Odysseus in the flames of burning Albion:)

—Bear . . . Bear is ber'beri, Bear . . . Bear . . .
=Mammumma, mammumma, Mammon!
    —Bear . . . Bear . . . ber' . . . Pegasus . . .
        Parnassus . . .
=Mammumma, mammumma, Mammon.

❦ Casimiro de Abreu

(1839–1860)

Casimiro de Abreu, nascido em Barra de São João, Rio de Janeiro, foi um dos poetas mais populares e queridos de sua época, sendo, ainda hoje, um dos mais apreciados. Ele viveu apenas 21 anos e, por essa razão, sua poesia reflete uma certa perspectiva juvenil, que não é mera afetação de um estilo sentimental e efusivo, característico dos escritores românticos. A maioria de seus poemas foi escrita enquanto Casimiro de Abreu morava em Portugal, separado de seus pais e amigos durante quatro anos. Essa experiência fez surgir sentimentos genuínos de saudosismo de sua infância, levando-o a expressar de modo comovente seu amor por sua mãe e seu país. Seus temas incluíam ainda a morte, a natureza, Deus, e o amor romântico, sendo que este último reflete também uma perspectiva adolescente, exprimindo tanto o medo, quanto as fortes paixões.

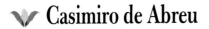 Casimiro de Abreu

(1839–1860)

Casimiro de Abreu, born in Barra de São João, Rio de Janeiro, was one of the most popular poets of his day and is still one of the most beloved of all time. As his dates indicate, he lived only twenty-one years, and therefore his poetry necessarily reflects a certain youthful perspective that is not merely the affectation of the effusive and sentimental style that often characterized romantic writers. Much of his poetry was written while he lived in Portugal, where he was separated from his family and friends for four years. That experience engendered genuine feelings of longing for the scenes of his youth and caused him to express, in a touching way, the love he felt for his mother and for his country. He also wrote of death, nature, God, and romantic love. The last topic likewise reflects an adolescent's expectation of love, which combines both fear and strong passions.

A valsa

Tu, ontem,
Na dança
Que cansa,
Voavas
Co'as faces
Em rosas
Formosas
De vivo,
Lascivo
Carmim;
Na valsa
Tão falsa,
Corrias,
Fugias,
Ardente,
Contente,
Tranqüila,
Serena,
Sem pena
De mim!

Valsavas:
—Teus belos
Cabelos,
Já soltos,
Revoltos,
Saltavam,
Voavam,
Brincavam
No colo
Que é meu;
E os olhos
Escuros
Tão puros,
Os olhos
Perjuros
Volvias,
Tremias,
Sorrias
Pra outro
Não eu!

Quem dera
Que sintas
As dores
De amores
Que louco
Senti!
Quem dera
Que sintas! . . .
—Não negues,
Não mintas . . .
—Eu vi! . . .

Quem dera
Que sintas
As dores
De amores
Que louco
Senti!
Quem dera
Que sintas! . . .
—Não negues,
Não mintas . . .
—Eu vi! . . .

The Waltz

I saw you,
Last night
In the light
At the dance
In a trance,
Where you whirled
And you twirled
With red cheeks
As lascivious
Can be;
In the waltz
That's so false
You were
Joyfully
Lustfully
Ardently flushed
As you blushed
So serenely
Not thinking
Of me!

While waltzing:
—Your beautiful
Hair loosely
Flowing,
While blowing,
Now springing,
Now clinging,
To shoulders
Belonging
To me;
Your dark eyes
Were sighing
Those pure eyes,
Were lying
And flirting,
You'd tremble
With guile
Then you'd smile
To another,
Not me!

I wish
You could feel
All the pain
So insane
That this love
Brings to me!
I wish
You could feel! . . .
—Don't deny,
Do not lie . . .
—I could see! . . .

I wish
You could feel
All the pain
So insane
That this love
Brings to me!
I wish
You could feel! . . .
—Don't deny,
Do not lie . . .
—I could see! . . .

Meu Deus!
Eras bela,
Donzela,
Valsando,
Sorrindo
Fugindo,
Qual silfo
Risonho
Que em sonho
Nos vem!
Mas esse
Sorriso
Tão liso
Que tinhas
Nos lábios
De rosa,
Formosa,
Tu davas,
Mandavas
A quem?!

Quem dera
Que sintas
As dores
De amores
Que louco
Senti!
Quem dera
Que sintas! . . .
—Não negues,
Não mintas . . .
—Eu vi! . . .

Calado,
Sozinho,
Mesquinho,
Em zelos
Ardendo,
Eu vi-te
Correndo
Tão falsa
Na valsa
Veloz!
Eu triste
Vi tudo!
Mas mudo
Não tive
Nas galas
Das salas
Nem falas,
Nem cantos,
Nem prantos,
Nem voz!

Quem dera
Que sintas
As dores
De amores
Que louco
Senti!
Quem dera
Que sintas! . . .
—Não negues,
Não mintas . . .
—Eu vi! . . .

My God!
You were lovely.
Out dancing
Entrancing
And smiling,
Beguiling,
A nymph
It would seem
From the dream
Of a groom!
That smile
Filled with guile
Which I saw
On your face,
That you'd send
From your lips
With your soft
Fingertips
'Cross the room,
But to whom?!

I wish
You could feel
All the pain
So insane
That this love
Brings to me!
I wish
You could feel! . . .
—Don't deny,
Do not lie . . .
—I could see! . . .

Then silently,
Jealously,
Ardently,
Lonely,
I saw when
You whirled,
And you twirled
To the waltz
You're so false
Dancing free!
And sadly
Not gladly
I saw
The whole plot!
But spoke not
Neither crying
Nor sighing,
There was no
Response
Made by me!

I wish
You could feel
All the pain
So insane
That this love
Brings to me!
I wish
You could feel! . . .
—Don't deny,
Do not lie . . .
—I could see! . . .

Na valsa
Cansaste;
Ficaste
Prostrada,
Turbada!
Pensavas,
Cismavas,
E estavas
Tão pálida
Então;
Qual pálida
Rosa
Mimosa,
No vale
Do vento
Cruento
Batida,
Caída
Sem vida
No chão!

Quem dera
Que sintas
As dores
De amores
Que louco
Senti!
Quem dera
Que sintas! . . .
—Não negues,
Não mintas . . .
—Eu vi! . . .

As you waltzed
You grew tired;
Though inspired
You fell prostrate,
Disturbed!
And perturbed,
Wondering how,
Thinking wow,
Looking pale
Feeling sore;
Like a rose
In repose
Sweetly grown
That's been blown
By cruel winds
You were battered,
And tattered,
Then lifeless
You fell to
The floor!

I wish
You could feel
All the pain
So insane
That this love
Brings to me!
I wish
You could feel! . . .
—Don't deny,
Do not lie . . .
—I could see! . . .

Amor e medo

I

Quando eu te fujo e me desvio cauto
Da luz de fogo que te cerca, oh! bela,
Contigo dizes, suspirando amores:
"—Meu Deus! que gelo, que frieza aquela!"

Como te enganas! meu amor é chama
Que se alimenta no voraz segredo,
E se te fujo é que te adoro louco . . .
És bela—eu moço; tens amor—eu medo! . . .

Tenho medo de mim, de ti, de tudo,
Da luz, da sombra, do silêncio ou vozes,
Das folhas secas, do chorar das fontes,
Das horas longas a correr velozes.

O véu da noite me atormenta em dores,
A luz da aurora me intumesce os seios,
E ao vento fresco do cair das tardes
Eu me estremeço de cruéis receios.

É que esse vento que na várzea—ao longe,
Do colmo o fumo caprichoso ondeia,
Soprando um dia tornaria incêndio
A chama viva que teu riso ateia!

Ai! se abrasado crepitasse o cedro,
Cedendo ao raio que a tormenta envia,
Diz:—que seria da plantinha humilde
Que à sombra dele tão feliz crescia?

A labareda que se enrosca ao tronco
Torrara a planta qual queimara o galho,
E a pobre nunca reviver pudera,
Chovesse embora paternal orvalho!

Love and Fear

I

When I avoid you and behave with caution
When near that light of fire that circles you,
You say within yourself, while sighing love:
"—My God! what ice, what coldness through and through!"

You're wrong! my love is like a roaring fire
By my voracious secret fanned and brightened,
And if I flee it's that my love is crazy . . .
You're beautiful—I'm young; you love—I'm frightened! . . .

I'm frightened of myself, of you, of things,
Of light, of shadow, silence, voice, or chime,
I'm frightened of dry leaves, of crying fountains,
Of lengthy hours or quickly passing time.

The veil of night torments me with its pains,
The light of day brings anguish to my breast,
And when the cooling evening breezes blow
I tremble filled with doubts and cruel unrest.

It's that the breeze out in the meadow—distant,
Will cause the smoke to curl, the hearth excite,
But should it blow with force and fan the fire
The flame within your laughter would ignite!

Oh! if the cedar plunged in flames will burn,
When struck by lightning from a powerful storm,
Say:—what would happen to the tender plant
Which in its shade was happy taking form?

The flame that circles 'round its mighty trunk
Will burn the plant, the branches too will die,
The tender plant will not again revive,
Though quenching dew from God fall from the sky!

II

Ai! se eu te visse no calor da sesta,
A mão tremente no calor das tuas,
Amarrotado o teu vestido branco,
Soltos cabelos nas espáduas nuas! . . .

Ai! se eu te visse, Madalena pura,
Sobre o veludo reclinada a meio,
Olhos cerrados na volúpia doce,
Os braços frouxos—palpitante o seio! . . .

Ai! se eu te visse em languidez sublime,
Na face as rosas virginais do pejo,
Trêmula a fala a protestar baixinho . . .
Vermelha a boca, soluçando um beijo! . . .

Diz:—que seria da pureza d'anjo,
Das vestes alvas, do candor das asas?
—Tu te queimaras, a pisar descalça,
—Criança louca,—sobre um chão de brasas!

No fogo vivo eu me abrasara inteiro!
Ébrio e sedento na fugaz vertigem
Vil, machucara com meu dedo impuro
As pobres flores da grinalda virgem!

Vampiro infame, eu sorveria em beijos
Toda a inocência que teu lábio encerra,
E tu serias no lascivo abraço
Anjo enlodado nos pauis da terra.

Depois . . . desperta no febril delírio,
—Olhos pisados—como um vão lamento,
Tu perguntaras:—qu'é da minha c'roa? . . .
Eu te diria:—desfolhou-a o vento! . . .

II

Oh! if I'd see you in the heat of day,
My trembling hand in your hot hands allied,
Your figure tightly drawn by your white dress,
Your flowing hair strewn loosely at your side! . . .

Oh! if I'd see you, Magdalene the pure,
Upon velour reclined and resting lightly,
Your eyelids closed in sweet repose voluptuous,
Your arms at rest—your bosom heaving slightly! . . .

Oh! if I'd see you languid and sublime,
With modesty and virtue on your face,
Yet trembling as you speak, protesting softly . . .
And sighing for a kiss, and my embrace! . . .

Say:—what of your angelic purity,
Your clothes of white, the brightness of your wings?
—You'd burn,—you crazy girl, when stepping barefoot,
—And find the burning coals hot passion brings!

Upon love's pyre I'd throw myself completely!
Intoxicated, passionate and vile,
I'd crumple in my hands impure and seething
The flowered garlands of the virgin's smile!

Abhorrent vampire, I would drain your kisses
Of all the innocence your lips contained,
In my embrace lascivious you'd become
An angel fallen to the earth and stained.

And after . . . waking from this feverish whirlwind,
—Your eyes would ask—though crushed in vain lament,
Pray—what's become of my prized crown of virtue? . . .
I'd say:—deflowered by wind so violent! . . .

Casimiro de Abreu — 137

Oh! não me chames coração de gelo!
Bem vês: traí-me no fatal segredo.
Se de ti fujo é que te adoro e muito,
És bela—eu moço; tens amor, eu—medo! . . .

Oh! never say my heart is filled with ice!
You see: now with my secret you're enlightened.
If I should flee it's that I really love you,
You're beautiful—I'm young; you love, I'm—frightened! . . .

❧ Machado de Assis

(1839–1908)

Joaquim Maria Machado de Assis nasceu na então capital do Brasil, Rio de Janeiro, em 21 de Junho de 1839. Considerado como a mais importante figura literária do Brasil, seu pai era um pintor mulato e sua mãe, uma lavadeira portuguesa de São Miguel, Açores. Durante sua juventude, Machado precisou enfrentar vários problemas que incluíam não apenas a pobreza, mas também a miopia, epilepsia e timidez. Ele complementou sua escassa educação formal trabalhando como aprendiz de tipógrafo. Inicialmente, serviu como revisor de provas tipográficas e finalmente compondo e publicando seu próprio trabalho. Apaixonado por livros, particularmente por obras de ficção, Machado aprendeu Latim com um padre e Francês com um padeiro, em troca da realização de serviços de rua. Casou-se em 1869 com a portuguesa Carolina Xavier de Novais e, embora não tivessem tido filhos, viveram uma vida devotada e feliz até a morte de sua esposa em 1904.

Machado iniciou sua carreira de escritor durante o período romântico. Produziu uma ampla gama de obras literárias, as quais incluem peças de teatro, tradução, crítica, e poesia (quatro volumes). No entanto, ele é melhor conhecido por suas crônicas, contos, e romances (nove, ao todo). Seus cinco últimos romances, escritos durante o período realista, são especialmente importantes. Nestes, ressalta-se uma sutil ironia, com a qual ele explora a mediocridade encontrada entre alguns membros da classe média-alta que, enquanto desfrutam de todos os benefícios de saúde, riqueza e educação, com nada contribuem para a melhoria da sociedade.

Machado de Assis ascendeu para uma alta posição no Ministério dos Transportes e recebeu a honra de ser o primeiro presidente da Academia Brasileira de Letras, posição mantida até sua morte, em 1908.

❦ Machado de Assis

(1839–1908)

Joaquim Maria Machado de Assis was born in the young nation's capital, the royal court city of Rio de Janeiro, on June 21, 1839. Regarded as the premier literary figure of Brazil, he was the son of a Portuguese washerwoman from São Miguel, Azores, and a mulatto house-painter father. Not only did Machado have poverty to contend with while growing up, but he also suffered a lifetime of myopia, epilepsy, and shyness. He made up for his meager formal education by working as a printer's apprentice, first typesetting, then proofreading, and finally composing and publishing his own work. Enthralled with books, especially novels, Machado learned Latin from a caring priest and French from a baker in exchange for running errands for them. He was married to Carolina Xavier de Novais, a Portuguese, in 1869, and although they had no children, they lived happily together and were ever devoted to one another until her death in 1904.

Machado began his writing career during the romantic era, producing a large literary corpus that includes such genres as theater, translation, criticism, and poetry (four volumes). But he is best known for his *crônicas* (newspaper columns), short stories, and novels (nine altogether). Especially important are the last five (written during the realist period), where, with subtle irony, he explores the mediocrity found among some members of the upper middle classes who, while enjoying all the benefits of health, wealth, and education contributed nothing to society.

Machado de Assis rose to high office in the Ministry of Transportation and was honored as the first president of the Brazilian Academy of Letters, an office he held until his death in 1908.

Círculo vicioso

Bailando no ar, gemia inquieto vaga-lume:
"Quem me dera que fosse aquela loura estrela,
Que arde no eterno azul, como uma eterna vela!"
Mas a estrela, fitando a lua, com ciúme:

"Pudesse eu copiar o transparente lume,
Que, da grega coluna à gótica janela,
Contemplou, suspirosa, a fronte amada e bela!"
Mas a lua, fitando o sol, com azedume:

"Mísera! tivesse eu aquela enorme, aquela
Claridade imortal, que toda a luz resume!"
Mas o sol, inclinando a rútila capela:

"Pesa-me esta brilhante auréola de nume . . .
Enfara-me esta azul e desmedida umbela . . .
Por que não nasci eu um simples vaga-lume?"

Vicious Circle

The firefly danced in the air impatiently:
"Oh how I wish that I could be that yellow star,
That burns in the eternal blue, a candle far!"
And yet the star gazed on the moon with jealousy:

"If only I could copy such transparency,
Which, from the Grecian column to the Gothic sill,
Has contemplated lovers' faces sighingly!"
And yet the moon gazed on the sun with bitter will:

"Oh misery! if I could be that giant ball,
Immortal clarity, the sum of all that's light!"
The sun, though, leans his brilliant chaplet o'er the wall:

"I'm burdened by this numen's aureole bright . . .
I'm wearied by this blue, unbounded parasol . . .
Why could I not be born a firefly at night?"

O casamento do diabo

Imitação do alemão

Satã teve um dia a idéia
De casar. Que original!
Queria mulher não feia,
Virgem corpo, alma leal.

Toma um conselho de amigo,
Não te cases, Belzebu;
Que a mulher, com ser humana
É mais fina do que tu.

Resolvido no projeto,
Para vê-lo realizar,
Quis procurar objeto
Próprio do seu paladar.

Toma um conselho de amigo,
Não te cases, Belzebu;
Que a mulher, com ser humana
É mais fina do que tu.

Cortou unhas, cortou rabo,
Cortou as pontas, e após
Saiu o nosso diabo
Como o herói dos heróis.

Toma um conselho de amigo,
Não te cases, Belzebu;
Que a mulher, com ser humana
É mais fina do que tu.

Casar era a sua dita;
Correu por terra e por mar,
Encontrou mulher bonita
E tratou de a requestar.

The Devil's Wedding
In imitation of the German

Satan had the thought one day
To marry. How original!
He wished no ugly woman, nay,
A faithful soul, and virginal.

Take the counsel of a friend,
No marriage, Beelzebub, pursue;
Because a woman, as she's human
Is finer more genteel than you.

But he resolved upon this project,
Desired to see it come to pass,
And so he sought to win the object
That met his tastes, a bonny lass.

Take the counsel of a friend,
No marriage, Beelzebub, pursue;
Because a woman, as she's human
Is finer more genteel than you.

He cut his nails, he cut his tail,
He cut his horns, and then somehow
Our devil turned into a male
A hero of all heroes now.

Take the counsel of a friend,
No marriage, Beelzebub, pursue;
Because a woman, as she's human
Is finer more genteel than you.

To marry was his sole desire;
He traveled over sea and land,
He found a beauty to inspire
And made arrangements for her hand.

Toma um conselho de amigo,
Não te cases, Belzebu;
Que a mulher, com ser humana
É mais fina do que tu.

Ele quis, ela queria,
Puseram mão sobre mão,
E na melhor harmonia
Verificou-se a união.

Toma um conselho de amigo,
Não te cases, Belzebu;
Que a mulher, com ser humana
É mais fina do que tu.

Passou-se um ano, e ao diabo,
Não lhe cresceram por fim,
Nem as unhas, nem o rabo . . .
Mas as pontas, essas sim.

Toma um conselho de amigo,
Não te cases, Belzebu;
Que a mulher, com ser humana
É mais fina do que tu.

Take the counsel of a friend,
No marriage, Beelzebub, pursue;
Because a woman, as she's human
Is finer more genteel than you.

He was willing, she agreed,
They joined each other's hands as one,
In harmony they did succeed
To tie the knot; the deed was done.

Take the counsel of a friend,
No marriage, Beelzebub, pursue;
Because a woman, as she's human
Is finer more genteel than you.

A year went by, and Satan found,
No parts grew back, nothing at all,
No nails, no tail that curved around . . .
Except his horns, yes they grew tall.

Take the counsel of a friend,
No marriage, Beelzebub, pursue;
Because a woman, as she's human
Is finer more genteel than you.

A Carolina

Querida, ao pé do leito derradeiro
Em que descansas dessa longa vida,
Aqui venho e virei, pobre querida,
Trazer-te o coração do companheiro.

Pulsa-lhe aquele afeto verdadeiro
Que, a despeito de toda a humana lida,
Fez a nossa existência apetecida
E num recanto pôs um mundo inteiro.

Trago-te flores,—restos arrancados
Da terra que nos viu passar unidos
E ora mortos nos deixa e separados.

Que eu, se tenho nos olhos malferidos
Pensamentos de vida formulados,
São pensamentos idos e vividos.

To Carolina

My sweet, here at the foot of your last bed
In which you're resting now from your long life,
I've come and always will, poor dearest wife,
To bring you the companion's heart you wed.

It pulses from affection tried and true
And which, despite all human drudgery,
Had made our life's existence ecstasy
And brought our home a world for me and you.

I bring you flowers,—remnants plucked now faded
From earth that saw us jointly walk this way
And now has left us dead and separated.

If I, within my wounded eyes today
Still carry thoughts of life I'd formulated,
Those thoughts once lived, but now they've gone away.

❤ Castro Alves

(1847–1871)

Castro Alves, um dos últimos românticos, nasceu e foi criado na Bahia, porém passou a maior parte de sua curta vida adulta em Pernambuco e São Paulo, onde estudou direito, escreveu poesia e apaixonou-se perdidamente por uma atriz portuguesa. Conhecido por sua poesia amorosa e sensual, sua juventude exuberante também foi dirigida às grandes causas humanas de justiça e liberdade para os escravos negros. Até hoje muito popular, ele é conhecido como o maior poeta abolicionista do Brasil. A primeira estrofe de seu poema "Vozes d'África" clama:

> Deus! ó Deus! onde estás que não respondes?
> Em que mundo, em qu'estrela tu t'escondes
>   Embuçado nos céus?
> Há dois mil anos te mandei meu grito,
> Que embalde desde então corre o infinito . . .
>   Onde estás, Senhor Deus?

A obra-prima de Castro Alves é o mini poema épico "O navio negreiro", onde ele evoca o sofrimento dos escravos durante a travessia da África para o Brasil. Embora o tráfico negreiro já tivesse sido extinto na época da composição do poema, a escravidão negra ainda não havia sido completamente abolida no Brasil, o que ocorreu no ano de 1888. A estrofe que segue descreve as condições infernais e subumanas da vida a bordo do navio negreiro:

> Era um sonho dantesco . . . O tombadilho
> Que das luzernas avermelha o brilho
>   Em sangue a se banhar.
> Tinir de ferros . . . estalar do açoite . . .
> Legiões de homens negros como a noite,
>   Horrendos a dançar . . .

Sempre orgulhoso de sua aparência altiva, a vaidade de Castro Alves sofreu um duro golpe aos vinte e um anos de idade, quando sua perna— infectada por um tiro acidental durante uma caçada—tivera que ser amputada. O poeta faleceu de tuberculose três anos mais tarde.

Castro Alves

(1847–1871)

Castro Alves, a late romantic, was born and raised in Bahia but spent the bulk of his short adult life in Pernambuco and São Paulo, where he studied law, wrote poetry, and fell madly in love with a Portuguese actress. Known for his tender and sensual love poetry, his youthful exuberance was also directed toward the great human cause of justice and liberty for the Black slaves. Immensely popular even today, he is regarded as the foremost abolitionist poet of Brazil. The first stanza of his poem "Voices of Africa" reads:

> God! where art thou, answer, where's thy grace?
> Where, what world, what star hath hid thy face
>   Safe in heaven's ward?
> For two millennia I have raised my shout,
> Useless echoes running all about . . .
>   Where, where art thou, Lord?

Castro Alves's masterpiece is the mini-epic "O Navio Negreiro" (The Black Slave Ship), which evokes the suffering of the slaves during their passage from Africa to Brazil. Although the slave trade had already ended when it was written, slavery was not completely abolished in Brazil until 1888. The following stanza depicts the hellish conditions on board:

> Twas a Dantesque dream . . . From decks below
> Lighted lanterns cast their reddish glow,
>   Bathed in blood, entrancing.
> Irons clanking . . . whips a cracking, fright . . .
> Legion were the black men, black as night,
>   Hideous in their dancing . . .

Always priding himself on his dapper appearance, Castro Alves's vanity suffered a severe blow when an infected leg—injured in a shooting accident while he was hunting—had to be amputated; he was then twenty-one. He died of tuberculosis three years later.

Adormecida

Uma noite, eu me lembro . . . Ela dormia
Numa rede encostada molemente . . .
Quase aberto o roupão . . . solto o cabelo
E o pé descalço no tapete rente.

'Stava aberta a janela. Um cheiro agreste
Exalavam as silvas da campina . . .
E ao longe, num pedaço do horizonte,
Via-se a noite plácida e divina.

De um jasmineiro os galhos encurvados,
Indiscretos entravam pela sala,
E de leve oscilando ao tom das auras,
Iam na face trêmulos—beijá-la.

Era um quadro celeste! . . . A cada afago
Mesmo em sonhos a moça estremecia . . .
Quando ela serenava . . . a flor beijava-a . . .
Quando ela ia beijar-lhe . . . a flor fugia . . .

Dir-se-ia que naquele doce instante
Brincavam duas cândidas crianças . . .
A brisa, que agitava as folhas verdes,
Fazia-lhe ondear as negras tranças!

E o ramo ora chegava ora afastava-se . . .
Mas quando a via despeitada a meio,
P'ra não zangá-la . . . acudia alegre
Uma chuva de pétalas no seio . . .

Eu, fitando esta cena, repetia
Naquela noite lânguida e sentida:
"Ó flor!—tu és a virgem das campinas!
"Virgem!—tu és a flor da minha vida! . . ."

The Sleeping Girl

I recall a night, once . . . She was sleeping
Resting limply in a hammock's hug . . .
Nightgown nearly open . . . hair spread loosely
And her bare foot just above the rug.

'Twas an open window. And what fragrance
Breathed the sylvan field and flowered vine . . .
Far away, on parts of the horizon,
One could see the placid night divine.

From a jasmine tree the curving branches,
Indiscreetly crept into her room,
Soft and light they swayed amid the breezes,
Trembling—as they'd kiss her with a bloom.

What a heavenly scene! . . . With each caressing
Even in her dreaming quivered she . . .
When she'd calmly rest . . . the flower kissed her . . .
When she'd try to kiss it back . . .'twould flee . . .

One may say that in that tender moment
Two naive young children sweetly played . . .
When the breeze would set the leaves aflutter,
It would send a ripple through her braid!

Thus the bower would come and go, just teasing . . .
But when he would see her getting stressed,
So she'd not be mad . . . it shook with pleasure
Showering petals gently on her breast . . .

I, who watched this scene, repeated often
On that languid night so calm and bright:
"Flower!—you're the virgin of the meadows!
"Virgin!—you're my flower my life's delight! . . ."

A mãe do cativo

I

Ó mãe do cativo! que alegre balanças
A rede que ataste nos galhos da selva!
Melhor tu farias se à pobre criança
Cavasses a cova por baixo da relva.

Ó mãe do cativo! que fias à noite
As roupas do filho na choça da palha!
Melhor tu farias se ao pobre pequeno
Tecesses o pano da branca mortalha.

Misérrima! E ensinas ao triste menino
Que existem virtudes e crimes no mundo.
E ensinas ao filho que seja brioso,
Que evite dos vícios o abismo profundo ...

E louca, sacodes nesta alma, inda em trevas,
O raio da espr'ança ... Cruel ironia!
E ao pássaro mandas voar no infinito,
Enquanto que o prende cadeia sombria! ...

II

Ó Mãe! não despertes est'alma que dorme,
Com o verbo sublime do Mártir da Cruz!
O pobre que rola no abismo sem termo
P'ra qu'há de sondá-lo ... Que morra sem luz.

Não vês no futuro seu negro fadário,
Ó cega divina que cegas de amor?!
Ensina a teu filho—desonra, misérias,
A vida nos crimes—a morte na dor.

The Slave Mother

I

Oh slave mother! you there so happily swinging
The hammock you tied to the trees green and lush!
Far better 'twould be for your poor little baby
If you'd dig a hole for him under the brush.

Oh slave mother! you who at night are found weaving
The clothes of your son in that hut made of hay!
Far better 'twould be for this poor little fellow
If you'd weave the cloth for his white shroud today.

So miserably poor! Yet you teach this sad youngster
That virtue and crime in this world are both found.
You teach him that he should be honest and upright,
That he must shun vice whose abyss is profound . . .

And crazy, you stir in this soul still in shadows,
A ray of bright hope . . . What cruel irony, though!
You send forth a bird to go flying in freedom,
While locked in a prison of darkness below! . . .

II

Oh Mother! don't waken this soul which lies sleeping,
With words from the Martyr of Calvary's dark night!
The miserable creature that grovels beneath us
Why should he reach out . . . Let him die without light.

Can you not discern the black future before him,
Oh blind one who's blinded by love that's insane?!
Come teach him instead—of dishonor and misery,
A life filled with crime—and his death filled with pain.

Que seja covarde . . . que marche encurvado . . .
Que de homem se torne sombrio reptil.
Nem core de pejo, nem trema de raiva
Se a face lhe cortam com o látego vil.

Arranca-o do leito . . . seu corpo habitue-se
Ao frio das noites, aos raios do sol.
Na vida—só cabe-lhe a tanga rasgada!
Na morte—só cabe-lhe o roto lençol.

Ensina-o que morda . . . mas pérfido oculte-se
Bem como a serpente por baixo da chã
Que impávido veja seus pais desonrados,
Que veja sorrindo mancharem-lhe a irmã.

Ensina-lhe as dores de um fero trabalho . . .
Trabalho que pagam com pútrido pão.
Depois que os amigos açoite no *tronco* . . .
Depois que adormeça co'o sono de um cão.

Criança—não trema dos transes de um mártir!
Mancebo—não sonhe delírios de amor!
Marido—que a esposa conduza sorrindo
Ao leito devasso do próprio *senhor!* . . .

São estes os cantos que deves na terra
Ao mísero escravo somente ensinar.
Ó Mãe que balanças a rede selvagem
Que ataste nos troncos do vasto palmar.

III

Ó Mãe do cativo, que fias à noite
À luz da candeia na choça de palha!
Embala teu filho com essas cantigas . . .
Ou tece-lhe o pano da branca mortalha.

Let him be a coward . . . let him walk stooped over . . .
From man let him turn to a somber reptile.
Not flushing with shame, nor yet trembling in anger
When cut on his face by the whip cursed and vile.

Come thrust him from bed . . . let his body get used to
The cold of the night, and the sun's burning rays.
In life—all he'll get is a worn, ragged loincloth!
In death—all he get's a torn sheet where he lays.

You teach him to strike . . . but his treachery keep hidden
Like that of the snake who lies close to the plain
Impassive in seeing his parents dishonored,
He merely should smile when his sister they stain.

Come teach him what pains his fierce work will afford him . . .
For work they'll reward him with stale, putrid bread.
This after his friends at the *post* he has whipped . . .
This after, dog tired, he's asleep in his bed.

As infant—no quaking with throes of a martyr!
As young man—no wild dreams of love in his head!
As husband—escort his sweet wife with a smile
To his very own *master's* licentious, foul bed! . . .

These then are the songs on this earth you should only
Be teaching the miserable slave as his psalms.
Oh Mother who's swinging the wild, savage hammock
You tied to the trunks in this vast grove of palms.

III

Oh slave Mother, you who at night are found weaving
By lamp light aglow in that hut made of hay!
With these lullabies come and rock your child gently . . .
Or weave him the cloth for his white shroud today.

Hebréia

Pomba d'esp'rança sobre um mar d'escolhos!
Lírio do vale oriental, brilhante!
Estrela vésper do pastor errante!
Ramo de murta a recender cheirosa! . . .

Tu és, ó filha de Israel formosa . . .
Tu és, ó linda, sedutora Hebréia . . .
Pálida rosa da infeliz Judéia
Sem ter o orvalho, que do céu deriva!

Por que descoras, quando a tarde esquiva
Mira-se triste sobre o azul das vagas?
Serão saudades das infindas plagas,
Onde a oliveira no Jordão se inclina?

Sonhas acaso, quando o sol declina,
A terra santa do Oriente imenso?
E as caravanas no deserto extenso?
E os pegureiros da palmeira à sombra?! . . .

Sim, fora belo na relvosa alfombra,
Junto da fonte, onde Raquel gemera,
Viver contigo qual Jacó vivera
Guiando escravo teu feliz rebanho . . .

Depois nas águas de cheiroso banho
—Como Susana a estremecer de frio—
Fitar-te, ó flor do babilônio rio,
Fitar-te a medo no salgueiro oculto . . .

Vem pois! . . . Contigo no deserto inculto,
Fugindo às iras de Saul embora,
Davi eu fora,—se Micol tu foras,
Vibrando na harpa do profeta o canto . . .

Hebrew Maiden

A dove of hope upon a sea of shoals!
Oriental lily of the valley, bright!
An evening star for shepherds lost at night!
A myrtle branch that wafts a fragrant smell! . . .

That's you, oh daughter sweet of Israel . . .
That's you, oh lovely, luring Hebrew maid . . .
A sad and pale Judean rose who'll fade
For want of precious dew, that's heaven sent!

Why are you wan, when evening's in descent
And gazing sadly on the azure waves?
Could it be longing for the endless laves,
Where o'er the Jordan, olive trees incline?

Could you be dreaming, at the sun's decline,
About the vast Oriental holy land?
And caravans upon great desert sand?
And of the shepherds 'neath the palm tree's shade?! . . .

Yes, 'twould be grand in grassy carpet glade,
Beside the fountain spring, where Rachel sighed,
To live like Jacob with you by my side
The servant caring for your happy sheep . . .

And after bathing in the cooling deep
—Just like Susanna shivering from the shower—
I'd gaze on you, oh Babylonian flower,
I'd gaze on you behind a willow tree . . .

Then come! . . . Together in the desert we,
Although from Saul's great ire I'd have to flee,
I would be David,—if Michal you'd be,
And play the prophet's harp to sing my song . . .

Não vês? . . . Do seio me goteja o pranto
Qual da torrente do Cédron deserto! . . .
Como lutara o patriarca incerto
Lutei, meu anjo, mas caí vencido.

Eu sou o lótus para o chão pendido.
Vem ser o orvalho oriental, brilhante! . . .
Ai! guia o passo ao viajor perdido,
Estrela vésper do pastor errante!

Can you not see? . . . What tears will flow erelong
Just as the Cedron desert flood of old! . . .
And like the patriarch that struggled bold
I, too, my angel fought, but lost the round.

I am the lotus hanging o'er the ground.
Come be the Oriental dewdrop, bright! . . .
Oh! guide the wandering traveler safe and sound,
My evening star for shepherds lost at night! . . .

❧ Alberto de Oliveira

(1857-1937)

Alberto de Oliveira nasceu em Palmital de Saquarema, Rio de Janeiro. Graduou-se em farmácia, porém nunca exerceu essa profissão, preferindo lecionar e trabalhar como funcionário público. Quando jovem, evitava a vida boêmia e o estilo de vida libertino que prevalecia na corte imperial, contrastando surpreendentemente com outros artistas e poetas contemporâneos de sua época. Ele também permanecia um pouco distante dos debates literários, porém, após a publicação de seu primeiro livro de versos ainda preso ao estilo romântico, o poeta adotou ativamente as idéias artísticas da escola parnasiana, utilizando versos polidos, formas poéticas fixas, temas clássicos e o desejo de manter um certo desapego estético em relação ao tópico trabalhado. Seus temas refletem uma ampla gama de interesses e variam entre a natureza, Deus, e o significado da vida. Alberto de Oliveira é um poeta de idéias inquietas e reflexivas, sendo ainda muito admirado e declamado.

Alberto de Oliveira

(1857–1937)

Alberto de Oliveira was born in Palmital de Saquarema, Rio de Janeiro. Although he studied pharmacy and in that field obtained his degree, he never followed it as a career, preferring instead to teach school and to work as a public servant in the government of the nation's capital. As a young man, in striking contrast to most of his fellow artists and poets, he avoided the Bohemian night life and the dissolute lifestyle so prevalent at the imperial court. He remained somewhat distant, too, from the literary debates of his day, but after the publication of his first book of verse, which was romantic in style, he adopted and actively cultivated the Parnassian school's ideals of art for art's sake, polished verses, fixed poetic forms, classical themes, and a desire to maintain a certain aesthetic detachment in relation to the subject. His themes reflect a wide range of interests and concerns, chief among them nature, God, and the meaning of existence. Alberto de Oliveira is a poet of thought and reflection and is still much admired and recited.

Chuva de pólen

Sol de Primavera. Céu lavado e claro.
Entretanto, pasma tu que a vida observas
Das pequenas cousas—entretanto, amigo,
　　Chove no bosque.

Teu olhar relança àquelas folhas tenras,
E hás de ver caindo, como às voltas, livres,
Gotas mil de chuva—gotas mil de prata,
　　De prata e de ouro.

E hás de ouvir dispersos, rúmuros, confusos,
Rouquejar em coro, ou trebelhar zunintes,
Mangangás retintos, fulvos maribondos,
　　Áureas abelhas.

É que já setembro vai de ramo em ramo,
Desenlaça os brotos, desabrocha as flores,
Abre com um sorriso espátulas, corimbos,
　　Cachos, umbelas;

Feito aragem, sopra—nas folhagens brinca,
Feito inseto, voa—nas corolas zumbe;
Feito chuva, desce, cai, disperso e leve
　　Delgado pólen.

São de borco ao vento a vaporar essências
Jarras de alabastro; são suspensas urnas
De variadas cores, de variadas cores
　　Variados cálices.

São, amigo, as flores, corações à mostra,
São as flores—almas neste que respiras
Polvilhar cheiroso volitando esparsas,
　　Que aí está setembro.

Pollen Shower

Springtime sun. The sky's swept clean and clear.
And meanwhile, stand in awe, who life observe,
At all the little things—and meanwhile, friend,
    It's raining in the forest.

If you glance quickly at those tender leaves,
You will see falling, hard at work, and free,
A thousand raindrops—silver drops of rain,
    Of silver and of gold.

And you will hear dispersed, confused, the murmuring,
Croaking chorus, or the trebled hum,
Of monstrous, deep dyed black and tawny wasps,
    And golden honeybees.

September's moving now from branch to branch,
Unfastening the buds, unfolding flowers,
She smiles while spreading spatulas and vines,
    Clusters, and umbrellas;

Turned breeze, she blows—and plays among the leaves,
Turned insect, she will fly—to hum corollas;
Turned rain, she falls dispersed and showers lightly
    To spread the slender pollen.

And prone against the wind while spraying vapors
Are alabaster pitchers; and suspended
Are urns of every hue and every color
    And various chalices.

The flowers, friend, are hearts exposed to view,
And flowers are—the soul in which you breathe
The fragrant dust which when besprinkled says,
    September has arrived.

Chega-te. Este chão é como ao pé de altares
Destendida alfombra. Vem mais perto. Ajoelha.
Sacerdote excelso aqui de excelso culto
    Celebra o ofício.

Quando após rezares, tu lá fora saias,
Valerá por bênção qualquer grão de pólen
Que, entre as flóreas naves, te haja aqui caído
    Sobre a cabeça.

Come near. This ground is as before an altar
Distended carpet. Come much closer. Kneel.
The most high priest is here to celebrate
    The highest sacrament.

And after you have prayed, and start to leave,
A blessing unto you will be the pollen
Which, from the flowered nave perchance descended
    To fall upon your head.

O lírio intangível

Vi-me em sonho a nadar por um pântano escuro,
      Inteiramente escuro.
A água era grossa e infecta, o ar adensado e impuro;
E eu, agitado e aflito, a submergir-me todo,
      A conspurcar-me todo
No pútrido marnel de esverdinhado lodo.
No alto, enoitado azul as estrelas brilhavam,
      Fantásticas brilhavam;
Estriges e visões, roçando-me, passavam.
E eu seguia a bracear pelo pântano escuro,
      Inteiramente escuro.
A água era grossa e infecta, o ar adensado e impuro.
Flutuava à minha frente um grande lírio branco,
      Um lírio muito branco.
Eu tentava colhê-lo, em convulsivo arranco,
Estendia-lhe a mão,—o lírio me fugia,
      Fugia, refugia,
A boiar, a boiar na água estanque e sombria.
E uma voz escutei que me dizia:—"A vida
      É este pântano, a vida;
Alma, feliz serás se em lodo vil metida,
Alcançares a flor de ideal que tens em frente."
      E o lírio à minha frente,
Muito branco, a sorrir, quase resplandecente,
Ia sempre a fugir, o grande lírio branco;
E eu buscava alcançá-lo em convulsivo arranco.
      E da noite no escuro
Debatia-me em vão pelo pântano escuro.
E a água era grossa e infecta, e o ar adensado e impuro . . .

The Intangible Lily

I dreamed that I was swimming in a swamp most dark,
     So absolutely dark.
The water dense and vile, thick air impure and stark;
Upset and grieved, I feared I'd sink and soon expire,
     All covered I'd expire
Submerged within the greenish loam and putrid mire.
Above me, in the night blue sky the stars shone brightly,
     Fantastically and brightly;
While ghouls and visions, sweeping past me, brushed me lightly.
And I continued flailing in the swamp most dark,
     So absolutely dark.
The water dense and vile, thick air impure and stark.
And floating just before me was a lily large and white,
     A lily very white.
And I would try to pluck it up, with all my might,
I'd stretch my hand,—the lily seemed to flee from me,
     From me would flee and flee,
And float, and float upon this stagnant somber sea.
And then I heard a voice which said to me:—"One's life
     Is like this swamp, one's life;
Oh soul, you'll fill with joy if in the midst of strife,
You reach the flower of ideal that's placed before you."
     The lily set before you,
So very white, resplendent, smiling there before you,
The flower which seemed to flee, the lily large and white;
Which I would try to reach and grasp with all my might.
     And in the night so dark
I struggled vainly through the loathsome swamp most dark.
The water dense and vile, thick air impure and stark . . .

❤ Raimundo Correia

(1860–1911)

Raimundo Correia nasceu a pouca distância da costa de São Luís, a bordo do barco a vapor que levava seus pais de volta ao estado natal do Maranhão. Embora de saúde sempre delicada, ele viveu uma vida plena e ativa. Em 1882, graduou-se em direito no estado de São Paulo e participou de campanhas da abolição da escravatura e do estabelecimento da República. No início de sua carreira ele lecionava e exercia a função de vice-diretor de uma escola, tendo trabalhado também, por um tempo, como secretário do legado diplomático brasileiro em Lisboa, Portugal, porém, passou a maior parte de sua vida profissional como juiz federal.

Embora Raimundo Correia tivesse sido influenciado pelo trabalho do poeta realista português Antero de Quental e por alguns escritores simbolistas-decadentes posteriores, esteve associado principalmente à poesia da escola parnasiana. Observa-se que seus temas freqüentemente filosóficos e seus poemas muitas vezes extensos, apresentam linguagem sempre formal, correta e precisa.

❦ Raimundo Correia

(1860–1911)

Raimundo Correia was born just off the coast near São Luís on board a ship that was carrying his parents back to their home state of Maranhão. Always of delicate health, he nevertheless lived a full and active life. He graduated from law school in São Paulo in 1882 and was involved in the campaign for the abolition of slavery and the establishment of the Republic. Early in his career, he was one of the teachers and the vice-principal of a school. He also served for a time as secretary of the Brazilian diplomatic legation in Lisbon, Portugal. Most of his professional life, however, was spent as a federal judge.

Although he was influenced by the work of Portuguese realist poet Antero de Quental and by some later decadent-symbolist writers, Raimundo Correia was principally associated with and closely observant of the tenets of the Parnassian school of poetry. His themes were often philosophical, his poems were sometimes lengthy, and his language was always formal, correct, and precise.

Tristeza de Momo

Pela primeira vez, ímpias risadas
Susta em prantos o deus da zombaria;
Chora; e vingam-se dele, nesse dia,
Os silvanos e as ninfas ultrajadas;

Trovejam bocas mil escancaradas,
Rindo; arrombam-se os diques da alegria;
E estoura descomposta vozeria
Por toda a selva, e apupos e pedradas . . .

Fauno o indigita; a Náiade o caçoa;
Sátiros vis, da mais indigna laia,
Zombam. Não há quem dele se condoa!

E Eco propaga a formidável vaia,
Que além, por fundos boqueirões reboa
E, como um largo mar, rola e se espraia . . .

Mummery's Sadness

An impious laughter, for the first time rings
Which to the god of mirth a teardrop brings;
He cries; revenge they take on him that day,
The nymphs and sylvans whom he did betray;

A thousand thunderous mouths are opened wide,
They laugh; the dikes have burst from joy's abode;
With discomposure voices now explode
Throughout the glen, while jeers and rocks deride . . .

Fauna points; and Naiad mocks a bow;
Vile Satyrs, with a most disgusting sneer,
Poke fun. There's no one who'll defend him now!

Then Echo propagates the awesome jeer,
Which over vale, deep canyon, hilltop brow
Resounds, like rolling waters, spreading cheer . . .

As pombas ...

Vai-se a primeira pomba despertada ...
Vai-se outra mais ... mais outra ... enfim dezenas
De pombas vão-se dos pombais, apenas
Raia sangüínea e fresca a madrugada ...

E à tarde, quando a rígida nortada
Sopra, aos pombais de novo elas, serenas,
Ruflando as asas, sacudindo as penas,
Voltam todas em bando e em rovoada ...

Também dos corações onde abotoam,
Os sonhos, um por um, céleres voam,
Como voam as pombas dos pombais;

No azul da adolescência as asas soltam,
Fogem ... Mas aos pombais as pombas voltam,
E eles aos corações não voltam mais ...

The Doves ...

The first awakened dove just flew away . . .
There goes another . . . others . . . dozens make
Their way leaving the roost, just at the break
Of dawn, blood red and fresh, a newborn day . . .

At evening, when the rigid northerlies
Are blowing, to their dovecotes they, serenely,
With wings aflutter, feathers ruffled preenly,
Return in bands and flocks to take their ease . . .

Now likewise from the heart where they hold sway,
Our dreams fly swiftly, one by one, away,
As do the doves from roosts as each departs;

With young wings skyward spread, they make their way,
And fly . . . The doves return to roost each day,
But dreams do not come back into our hearts . . .

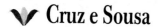 Cruz e Sousa

(1861–1898)

João da Cruz e Sousa, o mais importante poeta simbolista do Brasil, filho de dois ex-escravos negros, nasceu em Desterro, atual, Florianópolis, Santa Catarina e foi criado pelos patrões de seus pais, senhores brancos que trataram-no como filho legítimo, educando-o da melhor forma disponível na época.

Para os simbolistas, todas as experiências são únicas e impossíveis de serem recriadas e, dessa forma, o melhor que o poeta poderia fazer era sugerir suas reflexões, o que era feito através da utilização de símbolos e de metáforas altamente imaginativas, empregando-se o uso extensivo de cores, palavras para seu efeito musical (muitas vezes sem preocupar-se com os significados), e da *sinestesia* ou transmutação de sentidos. Os simbolistas confiavam na sutileza e nuanças ilusionistas dos significados, enquanto buscavam produzir uma forma poética delicada, graciosa e pessoal. Cruz e Sousa, influenciado pela obra de Edgar Allan Poe, escritor muito admirado pelos simbolistas de todo o mundo, ainda tentou recriar temas góticos, assim voltando ao estilo romântico.

# Cruz e Sousa

(1861–1898)

João da Cruz e Sousa, the leading symbolist poet of Brazil, was born in Florianópolis (then called Desterro), Santa Catarina, to a Black couple who had been slaves. He was raised in the home of his parents' former White masters, who treated him like their own son and gave him the best education available.

For the symbolists, all experiences were unique and therefore impossible to re-create. The best a poet could hope for was merely to suggest what his or her thoughts had been. This was accomplished through the use of symbols and highly imaginative metaphors that employed the extensive use of colors, words for their musical effect (often without regard for precise meaning), and *synaesthesia*, or the transmutation of senses. They relied on subtleties and shades of meanings as they sought to produce a delicate, graceful, and highly personal form of poetry. Cruz e Sousa also tried his hand at portraying Gothic themes, a romantic carryover, patterned after the writings of Edgar Allan Poe, who was greatly admired by symbolists the world over.

Antífona

Ó Formas alvas, brancas, Formas claras
de luares, de neves, de neblinas!...
Ó formas vagas, fluidas, cristalinas...
Incensos dos turíbulos das aras...

Formas do Amor, constelarmente puras,
de Virgens e de Santas vaporosas...
Brilhos errantes, mádidas frescuras
e dolências de lírios e de rosas...

Indefiníveis músicas supremas,
harmonias da Cor e do Perfume...
Horas do Ocaso, trêmulas, extremas,
Réquiem do Sol que a Dor da Luz resume...

Visões, salmos e cânticos serenos,
surdinas de órgãos flébeis, soluçantes...
Dormências de volúpicos venenos
sutis e suaves, mórbidos, radiantes...

Infinitos espíritos dispersos,
inefáveis, edênicos, aéreos,
fecundai o Mistério destes versos
com a chama ideal de todos os mistérios.

Do Sonho as mais azuis diafaneidades
que fuljam, que na Estrofe se levantem
e as emoções, todas as castidades
da alma do Verso, pelos versos cantem.

Que o pólen de ouro dos mais finos astros
fecunde e inflame a rima clara e ardente...
Que brilhe a correção dos alabastros
sonoramente, luminosamente.

Antiphon

Oh limpid Forms, alb whiteness, Forms so clear
of moonlit nights, of snows, and misty clouds! . . .
Oh fluid Forms, vague crystal, crystalier . . .
The incense from the altar's censer shrouds . . .

The Love Forms, constellationally pure,
of Virgins and of vaporous sister-Saints . . .
All errant beams, all freshness moist and sure
and sorrows of the lily, rose complaints . . .

Supreme and ill defined the music streams,
the harmony of Colors and Perfumes . . .
The Twilight Hours, tremulous, extremes,
A Solar Requiem which Light's Pain resumes . . .

Sweet visions, psalms and canticles serene,
soft organ sounds, subdued and weeping play . . .
Quiescence of voluptuous venoms seen
so subtle, tender, morbid, radiant, gay . . .

Unnumbered spirits, infinite, disperse,
ineffable, Edenic, aerified,
come fecundate the Mystery of this verse
with that pure flame all mysteries hide inside.

From Dreams the bluest blue translucencies
let shine, that from the Stanza they may rise
and feelings feel, let all the chastities
of Verse's soul, through verses sing, arise.

Let golden pollen from the stars so fine
infuse, inflame, the ardent, crystal rhyme . . .
Let alabaster's pure exactness shine
sonorously, luminously in time.

Forças originais, essência, graça
de carnes de mulher, delicadezas ...
Todo esse eflúvio que por ondas passa
do Éter nas róseas e áureas correntezas ...

Cristais diluídos de clarões alacres,
desejos, vibrações, ânsias, alentos,
fulvas vitórias, triunfamentos acres,
os mais estranhos estremecimentos ...

Flores negras do tédio e flores vagas
de amores vãos, tantálicos, doentios ...
Fundas vermelhidões de velhas chagas
em sangue, abertas, escorrendo em rios ...

Tudo! vivo e nervoso e quente e forte,
nos turbilhões quiméricos do Sonho,
passe, cantando, ante o perfil medonho
e o tropel cabalístico da Morte ...

Primeval forces, essence, charms and grace
of woman's flesh, the delicacies pose . . .
The whole effluvium which like waves of lace
from rosy Ether, golden current flows . . .

Diluted crystals of bedazzling lights,
desires, throbbings, breathings, anxiousness,
and fulvous victories, acrid triumphs, sights,
the strangest trembling, trembling restlessness . . .

Black flowers of tedium, flowers vague and soft
of loves so vain, Tantalic, sickly grow . . .
Deep wounds in scarlet hues from blood which oft
reopen, spilling more, in rivers flow . . .

All things! alive that twitch are strong and fair,
who in chimeric whirlwind Dreams have breath,
must, singing, pass before the awful stare
and cabalistic cavalcade of Death . . .

Pressago

Nas águas daquele lago
dormita a sombra de Iago ...

Um véu de luar funéreo
cobre tudo de mistério ...

Há um lívido abandono
do luar no estranho sono.

Transfiguração enorme
encobre o luar que dorme ...

Dá meia-noite na ermida,
como o último ai de uma vida.

São badaladas nevoentas,
sonolentas, sonolentas ...

Do céu no estrelado luxo
passa o fantasma de um bruxo.

No mar tenebroso e tetro
vaga de um náufrago o espectro.

Como fantásticos signos,
erram demônios malignos.

Na brancura das ossadas
gemem as almas penadas.

Lobisomens, feiticeiras
gargalham no luar das eiras.

Os vultos dos enforcados
uivam nos ventos irados.

Os sinos das torres frias
soluçam hipocondrias.

Luxúrias de virgens mortas
das tumbas rasgam as portas.

Andam torvos pesadelos
arrepiando os cabelos.

Coalha nos lodos abjetos
o sangue roxo dos fetos.

Há rios maus, amarelos
de presságio de flagelos.

Das vesgas concupiscências
saem vis fosforescências.

Os remorsos contorcidos
mordem os ares pungidos.

A alma cobarde de Judas
recebe expressões cornudas.

Negras aves de rapina
mostram a garra assassina.

Sob o céu que nos oprime
langüescem formas de crime.

Com os mais sinistros furores,
saem gemidos das flores.

Caveiras! Que horror medonho!
Parecem visões de um sonho!

Foreboding

In the waters of that lake
Iago's shadow sleeps awake . . .

And the moonlight's funeral veil
shrouds in mystery hill and dale . . .

There's a pale abandoned beaming
from the moon while strangely dreaming.

And a wild transfiguration
cloaks the sleeping moon's formation . . .

Midnight peals the chapel bell,
like a dying man's last yell.

Through the mist it tolls intently,
somnolently, somnolently . . .

From the diamond-studded sky
witches' spirits flying by.

On the awesome, somber sea
shipwrecked souls move aimlessly.

Like fantastic signs, beware,
evil demons everywhere.

From the skeletons' bleached bones
spirits damned are moaning moans.

Werewolves, witches in the night
laughing in the pale moonlight.

Bodies of the hanged yet choking
howl a windlike gurgled croaking.

Belfry bells in towers cold
hypochondrias sobbing bold.

While the lusts of virgins dead
rip the tomb doors overhead.

Ghastly nightmares walking, stalking
hair-raisingly chilling, mocking.

Coagulating in the mud
purple sticky fetus blood.

There are evil rivers, yellows
of foreboding, floggings, bellows.

From the cross-eyed lust desires
come vile phosphorescent fires.

And remorseful anguish stares
gnashing at the pungent airs.

Judas' coward soul is grieving
horned expressions now receiving.

Black and evil birds of prey
flash their murderous claws to slay.

'Neath the heavens which oppress us
languish forms of crime that press us.

There's a sinister intoning,
from the flowers' droning, moaning.

Skulls! What horror, fearful errors!
Visions from a dream of terrors!

A morte com Sancho Pança,
grotesca e trágica dança.

E como um símbolo eterno,
Ritmo dos Ritmos do inferno.

No lago morto, ondulando,
dentre o luar noctivagando,

o corvo hediondo crocita
da sombra d'Iago maldita!

Death and Sancho Panza prance,
in a grotesque tragic dance.

And like one eternal symbol,
Rhythm of Rhythms infernal timbrel.

O'er the dead lake, waving lightly,
in the moonlight wandering nightly,

caws the hideous raven, screeching
at cursed Iago's shadow creeping!

Região azul ...

As águias e os astros abrem aqui, nesta doce, meiga e miraculosa claridade azul, um raro rumor de asas e uma rara resplandecência solenemente imortais.

As águias e os astros amam esta região azul, vivem nesta região azul, palpitam nesta região azul. E o azul, o azul virginal onde as águias e os astros gozam, tornou-se o azul espiritualizado, a quinta-essência do azul que os estrelejamentos do Sonho coroam ...

Músicas passam, perpassam, finas, diluídas, finas, diluídas, e delas, como se a cor ganhasse ritmos preciosos, parece se desprender, se difundir uma harmonia azul, azul, de tal inalterável azul, que é ao mesmo tempo colorida e sonora, ao mesmo tempo cor e ao mesmo tempo som ...

E som e cor e cor e som, na mesma ondulação ritmal, na mesma eterificação de formas e volúpias, conjuntam-se, compõem-se, fundem-se nos corpos alados, integram-se numa só onda de orquestrações e de cores, que vão assim tecendo as auréolas eternais das Esferas ...

E dessa música e dessa cor, dessa harmonia e desse virginal azul vem então alvorando, através da penetrante, da sutil influência dos rubros Cânticos altos do sol e das soluçadas lágrimas noturnas da lua, a grande Flor original, maravilhosa e sensibilizada da Alma, mais azul que toda a irradiação azul e em torno à qual as águias e os astros, nas majestades e delicadezas das asas e das chamas, descrevem claros, largos giros ondeantes e sempiternos ...

Blue Region . . .

The eagles and stars unfold in this sweet, gentle, and miraculous blue clarity, a rare rustle of wings and a rare resplendence solemnly immortal.

The eagles and stars love this blue region, thrive in this blue region, pulsate in this blue region. And the blue, the virginal blue wherein the eagles and the stars delight, became the spiritualized blue, the quintessential blue that crowns the starry scintillation of the Dream . . .

Musical strains pass by, passing by, fine, diffused, fine, diffused, and from them, as though the color were gaining precious rhythm, appears to loosen, to disperse a harmony of blue, blue, of such unalterable blue, that it is at once chromatic and sonorous, at once color and at once sound . . .

And sound and color and color and sound, in the same rhythmic undulation, in the same etherization of forms and voluptuosity, conjoin themselves, compose themselves, merge themselves with the winged bodies, integrating themselves into a single wave of orchestrations and of colors, which thus combine to weave the eternal aureoles of the Spheres . . .

And from that music and from that color, from that harmony and from that virginal blue there appears at dawning, through the penetrating, through the subtle influence of the rubious Canticles of the sun on high and from the sighing nocturnal tears of the moon, the grand original Flower, marvelous and sensitized by the Soul, bluer than all iridescent blue and surrounding which the eagles and the stars, in the majesties and delicacies of the wings and of the flames, trace clear, large, undulating and eternal circles . . .

❧ Olavo Bilac

(1865-1918)

Olavo Bilac, um dos mais populares poetas brasileiros, mestre de versos polidos, comparados às pedras preciosas, nasceu na então capital do Brasil, Rio de Janeiro. Embora fosse adepto da versificação proposta pela escola parnasiana—incluindo a preferência pelas formas poéticas fixas, temas clássicos, versos tecnicamente exatos, pureza de linguagem, e, acima de tudo, buscando sempre empregar a forma precisa da palavra—Bilac algumas vezes negligenciava o "ideal" de imparcialidade objetiva, como pode-se depreender do entusiasmo encontrado em alguns de seus sonetos amorosos. A maior parte de seus versos, no entanto, de fato tendem a seguir rigorosamente "a arte pela arte", como se pode exemplificar nas estrofes de "Profissão de fé":

> Invejo o ourives quando escrevo:
>   Imito o amor
> Com que ele, em ouro, o alto relevo
>   Faz de uma flor.
>
> Imito-o. E pois, nem de Carrara
>   A pedra firo:
> O alvo cristal, a pedra rara
>   O Ônix prefiro.

Durante sua juventude, Bilac cultivou uma vida boêmia desregrada, apresentando às vezes um senso de humor obsceno e pregando peças em seus amigos. Mais tarde, ele alcançou respeitabilidade no Ministério da Educação, onde trabalhou como inspetor escolar, produzindo também obras didáticas e compondo hinos patrióticos.

Olavo Bilac

(1865–1918)

Olavo Bilac, a master of polished, gemlike verses and one of the most popular of all Brazilian poets, was born in the nation's capital, Rio de Janeiro. Although he carefully adhered to the tenets of versification propounded by the Parnassian school—including a preference for fixed poetic forms, classical themes, technically exact verse, correct language, and, above all, the precise word—Bilac sometimes disregarded the "ideal" of objective detachment as evidenced by the warmth found in some love sonnets. The bulk of his verse, however, does tend to be strictly "art for art's sake," as exemplified in the following stanzas from his "Professions of Faith":

> I'm envious of the goldsmith when I write:
>> The love I imitate
> Which he, with gold, in high relief cut right
>> A flower does create.
>
> I copy him. Not even a Carrara's
>> Sculptured stone:
> But clearest crystal, gems as rare as
>> Onyx I would own.

In his younger days, Bilac cultivated the carefree Bohemian lifestyle; he had a bawdy sense of humor and loved to play practical jokes on his friends. Later he gained respectability in the Ministry of Education, where he was employed as an inspector of schools; he also wrote curriculum and patriotic anthems.

Tercetos

I

Noite ainda, quando ela me pedia
Entre dois beijos que me fosse embora,
Eu, com os olhos em lágrimas, dizia:

"Espera ao menos que desponte a aurora!
Tua alcova é cheirosa como um ninho . . .
E olha que escuridão há lá por fora!

Como queres que eu vá, triste e sozinho,
Casando a treva e o frio de meu peito
Ao frio e à treva que há pelo caminho?!

Ouves? é o vento! é um temporal desfeito!
Não me arrojes à chuva e à tempestade!
Não me exiles do vale do teu leito!

Morrerei de aflição e de saudade . . .
Espera! até que o dia resplandeça,
Aquece-me com a tua mocidade!

Sobre o teu colo deixa-me a cabeça
Repousar, como há pouco repousava . . .
Espera um pouco! deixa que amanheça!"

—E ela abria-me os braços. E eu ficava.

II

E, já manhã, quando ela me pedia
Que de seu claro corpo me afastasse,
Eu, com os olhos em lágrimas, dizia:

Tercets

I

Still night it was, when first she said to me
Between two kisses that I could not stay,
And I, with tear-filled eyes, began to plea:

"At least please wait until the break of day!
Your room's a fragrant nest, my heart is glad . . .
And see what darkness hovers out that way!

How can you turn me out, alone and sad,
To wed the night and cold that's in my breast
With that cold night with which the road is clad?!

Hear? it's the wind! a storm! the sky's distressed!
Don't throw me out into the rain-swept gale!
Don't ban me from your bed, let me find rest!

I'll die of heartbreak and from yearning fail . . .
Oh wait! until the sun bursts forth, I pray,
Come warm me with your youth, I'm cold and pale!

And on your lap permit my head to lay
As once it did before you had complained . . .
Please wait a while! let night turn into day!"

—And she held out her arms. And I remained.

II

And, then came morning, when she said to me
That I must leave her side and go away,
And I, with tear-filled eyes, began to plea:

"Não pode ser! não vês que o dia nasce?
A aurora, em fogo e sangue, as nuvens corta . . .
Que diria de ti quem me encontrasse?

Ah! nem me digas que isso pouco importa! . . .
Que pensariam, vendo-me, apressado,
Tão cedo assim, saindo a tua porta,

Vendo-me exausto, pálido, cansado,
E todo pelo aroma de teu beijo
Escandalosamente perfumado?

O amor, querida, não exclui o pejo . . .
Espera! até que o sol desapareça,
Beija-me a boca! mata-me o desejo!

Sobre o teu colo deixa-me a cabeça
Repousar, como há pouco repousava!
Espera um pouco! deixa que anoiteça!"

—E ela abria-me os braços. E eu ficava.

"Oh this can't be! can you not see it's day?
For dawn, with fire and blood, the clouds has chased . . .
And were I caught, of you what would they say?

Don't tell! it matters not; it's best erased! . . .
But please, what would they think if I were sent,
At early morning, from your door in haste,

And seeing me exhausted, pale and spent,
All caused by the aroma of your kiss
So scandalously filled with fragrant scent?

Our love, dear, cannot modesty dismiss . . .
Oh wait! until the sun has gone, I pray,
Come kiss my lips! come quench the fire of bliss!

And on your lap permit my head to lay
As once it did before you had complained!
Please wait a while! let night erase the day!"

—And she held out her arms. And I remained.

Soneto XIII

(da série *Via-Láctea*)

"Ora (direis) ouvir estrelas! Certo
Perdeste o senso!" E eu vos direi, no entanto,
Que, para ouvi-las, muita vez desperto,
E abro as janelas, pálido de espanto . . .

E conversamos toda a noite, enquanto
A via-láctea, como um pálio aberto,
Cintila. E, ao vir do sol, saudoso e em pranto,
Inda as procuro pelo céu deserto.

Direis agora: "Tresloucado amigo!
Que conversas com elas? Que sentido
Tem o que dizem, quando estão contigo?"

E eu vos direi: "Amai para entendê-las!
Pois só quem ama pode ter ouvido
Capaz de ouvir e de entender estrelas."

Sonnet XIII
(From the *Milky Way* series)

"Oh come now (you will say) hear stars! It's clear
You've lost your mind!" I'll tell you anyway,
I often wake to hear what they will say,
I push my windows open, pale with fear . . .

And we converse throughout the night, while high
The Milky Way, like outspread robes, appears
To shine. At dawn, with longing and in tears,
I seek them still throughout the empty sky.

And next you'll say: "My poor, demented friend!
What do you say to them? And tell me, pray,
What do they say when they your ears do bend?"

I'll tell you: "You must love to comprehend!
For only he who loves has ears which may
Perceive and grasp the messages stars send."

Língua portuguesa

Última flor do Lácio, inculta e bela,
És, a um tempo, esplendor e sepultura:
Ouro nativo, que na ganga impura
A bruta mina entre os cascalhos vela . . .

Amo-te assim, desconhecida e obscura,
Tuba de alto clangor, lira singela,
Que tens o trom e o silvo da procela,
E o arrolo da saudade e da ternura!

Amo o teu viço agreste e o teu aroma
De virgens selvas e de oceano largo!
Amo-te, ó rude e doloroso idioma,

Em que da voz materna ouvi: "meu filho!"
E em que Camões chorou, no exílio amargo,
O gênio sem ventura e o amor sem brilho!

The Portuguese Language

Last flower of Latium, wild, uncultured, fair,
You are, at once, both splendor and the grave:
Pure gold, the gangue's impurities don't bare,
A mine that's veiled 'mid rocks and graveled lave . . .

I love you thus, unknown, obscure and hidden,
A blaring trumpet, lyre of guilelessness,
Whose fury's like the sea that's tempest ridden,
Whose lullabies are love and tenderness!

I love your lush green woods and perfume wrung
From virgin jungles and expansive sea!
I love you, rude and sorrowful native tongue,

In which my mother said: "dear son of mine!"
In which Camões bemoaned, grieved exile he,
His luckless genius and love's tarnished shine!

Velhas árvores

Olha estas velhas árvores, mais belas
Do que as árvores novas, mais amigas:
Tanto mais belas quanto mais antigas,
Vencedoras da idade e das procelas . . .

O homem, a fera, e o inseto, à sombra delas
Vivem, livres de fomes e fadigas;
E em seus galhos abrigam-se as cantigas
E os amores das aves tagarelas.

Não choremos, amigo, a mocidade!
Envelheçamos rindo! envelheçamos
Como as árvores fortes envelhecem:

Na glória da alegria e da bondade,
Agasalhando os pássaros nos ramos,
Dando sombra e consolo aos que padecem!

Old Trees

Look at these old trees, more lovely these
Than younger trees, more friendly too by far:
More beautiful the older that they are,
Victorious over age and stormy seas . . .

The beasts, the insects, man, under the tree
Have lived, and been from toil and hunger free;
And in its higher branches safe and sound
Incessant songs of birds and love are found.

Our youth now lost, my friend, let's not bemoan!
Let's laugh as we grow old! let us grow old
As do the trees, so nobly, strong and bold:

Enjoy the glorious kindness we have sown,
And succor in our branches those who seek,
The shade and comfort offered to the weak!

A pátria

Ama, com fé e orgulho, a terra em que nasceste!

Criança! não verás nenhum país como este!
Olha que céu! que mar! que rios! que floresta!
A Natureza, aqui, perpetuamente em festa,
É um seio de mãe a transbordar carinhos.
Vê que vida há no chão! vê que vida há nos ninhos,
Que se balançam no ar, entre os ramos inquietos!
Vê que luz, que calor, que multidão de insetos!
Vê que grande extensão de matas, onde impera
Fecunda e luminosa, a eterna primavera!

Boa terra! jamais negou a quem trabalha
O pão que mata a fome, o teto que agasalha . . .

Quem com o seu suor a fecunda e humedece,
Vê pago o seu esforço, e é feliz, e enriquece!

Criança! não verás país nenhum como este:
Imita na grandeza a terra em que nasceste!

Native Land

Love your native land with faithful pride and care!

Child! you'll never see a land like this so fair!
See what skies! what rivers! forests! and what sea!
Nature celebrating, here, perpetually,
A mother's bosom overflowing warmth and love.
See what life upon the ground! in nests above,
Which sway among the moving branches in the air!
See what light, what heat, what clouds of insects there!
See the great expanse of jungle that presides
Where fertile, luminous, eternal spring resides!

Good land! that never has denied to man its favors
Of raiment, shelter, daily bread to him who labors . . .

He who pays the price with sweat and tears shall see,
His work repaid, and rich and happy he will be!

Child! you'll never see a land like this so fair:
Imitate the greatness of your land with care!

❧ Alphonsus de Guimaraens

(1870–1921)

Alfonso Henriques da Costa Guimarães nasceu em Ouro Preto, Minas Gerais. Graduou-se em direito, em São Paulo, e tornou-se juiz em seu estado natal, posição ocupada até a sua morte. Tanto a grafia inusitada de seu nome artístico, quanto a sua poesia, apresentam influências da escola simbolista, estilo o qual o poeta manteve-se leal por toda a vida. Suas características simbolistas mais salientes incluem o uso de musicalidade na escolha das palavras e ritmos, e preferência por temas que caracterizam os estados únicos da realidade como os encontrados nos sonhos, insanidade e no misticismo religioso. Há rumores de que ele tenha se apaixonado por uma prima que falecera ainda jovem, cujos relatos poéticos freqüentemente encontram-se associados às descrições da Virgem Maria. Apesar disso, ele casou-se e fora aparentemente feliz, tornando-se pai de quatorze crianças, dentre as quais uma recebeu o seu nome e, de forma semelhante, também tornou-se um poeta de admiração e respeito.

❦ Alphonsus de Guimaraens

(1870–1921)

Alfonso Henriques da Costa Guimarães was born in Ouro Preto, Minas Gerais. He graduated from law school in São Paulo and eventually became a judge in his home state, a position he held until his death. His pen name, with its unusual spelling, as well as his poetry, show the influence of the symbolist school, a group to which he gave his allegiance. His most salient symbolist characteristics include the use of musicality in the choice of words and rhythms and a preference for themes which feature unique states of reality such as found in dreams, insanity, and religious mysticism. He is said to have fallen in love with a cousin who died young, and in his portrayal of her, he often included descriptions of the Virgin Mary. He did marry, however, happily it would seem, and fathered fourteen children, including a son bearing his name, who likewise became a respected poet.

Ismália

Quando Ismália enlouqueceu,
Pôs-se na torre a sonhar . . .
Viu uma lua no céu,
Viu outra lua no mar.

No sonho em que se perdeu,
Banhou-se toda em luar . . .
Queria subir ao céu,
Queria descer ao mar . . .

E, no desvario seu,
Na torre pôs-se a cantar . . .
Estava perto do céu,
Estava longe do mar . . .

E como um anjo pendeu
As asas para voar . . .
Queria a lua do céu,
Queria a lua do mar . . .

As asas que Deus lhe deu
Ruflaram de par em par . . .
Sua alma subiu ao céu,
Seu corpo desceu ao mar . . .

Ismalia

Away in the tower she'd sigh,
Ismalia in her lunacy . . .
A moon she saw up in the sky,
A moon she saw down in the sea.

A bath in the moonlight she'd try,
When lost in a dream she would be . . .
She wished she could rise to the sky,
She wished to go down to the sea . . .

She'd sing in the tower so high,
When acting deliriously . . .
She felt she was close to the sky,
She felt she was far from the sea . . .

Unfolding her wings out to fly
She's just as an angel might be . . .
She yearned for the moon in the sky,
She yearned for the moon in the sea . . .

And spreading them widely to fly
With God-given wings fluttered she . . .
Her spirit rose up to the sky,
Her body fell down to the sea . . .

"Hão de chorar por ela os cinamomos"

Hão de chorar por ela os cinamomos,
Murchando as flores ao tombar do dia.
Dos laranjais hão de cair os pomos,
Lembrando-se daquela que os colhia.

As estrelas dirão:—"Ai, nada somos,
Pois ela se morreu silente e fria . . ."
E pondo os olhos nela como pomos,
Hão de chorar a irmã que lhe sorria.

A lua, que lhe foi mãe carinhosa,
Que a viu nascer e amar, há de envolvê-la
Entre lírios e pétalas de rosa.

Os meus sonhos de amor serão defuntos . . .
E os arcanjos dirão no azul ao vê-la,
Pensando em mim:—"Por que não vieram juntos?"

The China trees for her will surely cry

The china trees for her will surely cry,
The wilting flowers at close of day will die.
And in the orange grove the fruit will fall,
When she who used to pick them they recall.

The stars will say:—"Ah, we are nothing now,
For she has died so cold and silently . . ."
They'll fix their fruitful gaze on her and bow,
To mourn who smiled on them so sisterly.

The moon, a loving mother up above,
Who'd seen her birth and loves, will then enfold her
In rose and lily petals filled with love.

My dreams of love are now of death . . . and whether
Archangels ask, who in the blue behold her,
Thinking of me:—"Why aren't you here together?"

❦ Augusto dos Anjos

(1884–1914)

Augusto dos Anjos, um dos poetas mais originais do Brasil, nasceu num engenho de cana-de-açúcar no estado da Paraíba. Graduou-se em direito em Recife e havia apenas começado a se estabelecer como advogado e professor—inicialmente no Rio de Janeiro e depois em Minas Gerais—quando faleceu aos 30 anos de idade. Seu único volume de versos intitulado *Eu* fora publicado dois anos antes da sua morte.

Embora Augusto dos Anjos seja freqüentemente classificado como um poeta simbolista, escola que o influenciou e com a qual ele manteve ligações e similaridades, na verdade sua poesia é uma síntese dos quatro maiores movimentos de sua época: parnasiana na forma, simbolista na linguagem, e realista-naturalista em seu conteúdo. Seus temas refletem a predominância da teoria do determinismo científico de sua época, que defendia que a hereditariedade e o ambiente, e não o livre-arbítrio e o direito às escolhas, determinam o comportamento humano, e, mais, a menos que alguma coisa possa ser mensurada pelos cinco sentidos ou suas extensões, por definição, ela não existe. Esses mandamentos pseudo-científicos anulavam a crença em Deus, religião, metafísica, amor, amizade, fé, liberdade de ação, e muitos outros tópicos.

Augusto dos Anjos muitas vezes apresenta-se ao mesmo tempo como um poeta subjetivo e ao mesmo tempo desprendido, como por exemplo quando especula temas como a origem e evolução da vida, ou a morte e a decomposição dos corpos. Ele é capaz de transformar o protoplasma, as patologias, o processo de pensar ou a consciência em temas para um soneto, edificando a linguagem e pensamento científicos de forma artística. Porém, a ciência não conseguiu de fato preenchê-lo, e sua perspectiva geral de vida soia ser mórbida e pessimista.

❧ Augusto dos Anjos

(1884-1914)

Augusto dos Anjos, one of the most original poets of Brazil, was born on a sugarcane plantation in the state of Paraíba. He obtained a law degree in Recife and was just beginning to establish himself as an attorney and teacher—first in Rio de Janeiro and then in Minas Gerais—when his life was cut short by illness at the relatively young age of thirty. His one volume of verse, entitled *Eu* (I), was published two years before his death.

Although most often classified as a symbolist, a school that influenced him and with which he has many points of contact and similarities, Augusto dos Anjos is really a synthesis of the four major movements of his day: he is Parnassian in form, symbolist in language, and realist-naturalist in content. His themes reflect the preeminence of the scientific determinist theory of his day, which held that heredity and environment, not free will and choice, determine man's behavior, and further, that unless something can be measured by the five senses or their extensions, it does not, by definition, exist. These pseudoscientific dicta proscribed such things as God, religion, metaphysics, love, friendship, faith, free-agency, and a host of other topics.

Augusto dos Anjos is both subjective and clinically detached as he probes such things as the origins and evolution of life, or death and the decomposition of the body. He might make protoplasm, disease, the thought process, or conscience the subject of a sonnet. He raises scientific language and thought to an art form, but science does not fulfill him, and his overall outlook on life is often morbidly pessimistic.

A idéia

De onde ela vem?! De que matéria bruta
Vem essa luz que sobre as nebulosas
Cai de incógnitas criptas misteriosas
Como as estalactites duma gruta?!

Vem da psicogenética e alta luta
Do feixe de moléculas nervosas,
Que, em desintegrações maravilhosas,
Delibera, e depois, quer e executa!

Vem do encéfalo absconso que a constringe,
Chega em seguida às cordas da laringe,
Tísica, tênue, mínima, raquítica . . .

Quebra a força centrípeta que a amarra,
Mas, de repente, e quase morta, esbarra
No molambo da língua paralítica!

The Idea

From whence does it emerge?! What matter drips
That light which over nebulae will then
Descend mysteriously from unknown crypts
As though they were stalactites in a den?!

It's from psychogeneticism chiefly
From clusters of molecular nerve endings,
Which, marvelous, disintegrate these rendings,
To ponder, then to execute completely!

Unseen it leaves the encephalon constricted,
And quickly finds the larynx, but restricted,
Consumptive, tenuous, minimal, rachitic . . .

It breaks the force centripetal that binds,
But, suddenly, near death, collides then finds
It's met the weakling tongue so paralytic!

Mater Originalis

Forma vermicular desconhecida,
Que estacionaste, mísera e mofina,
Como quase impalpável gelatina,
Nos estados prodrômicos da vida;

O hierofante que leu a minha sina
Ignorante é de que és, talvez, nascida
Dessa homogeneidade indefinida
Que o insigne Herbert Spencer nos ensina.

Nenhuma ignota união ou nenhum nexo
À contingência orgânica do sexo
A tua estacionária alma prendeu . . .

Ah! de ti foi que, autônoma e sem normas,
Oh! Mãe original das outras formas,
A minha forma lúgubre nasceu!

Mater Originalis

Oh form vermicular that's now unknown,
Which fastened sickly, clinging miserably,
Gelatinous and near impalpably,
On that prodromal stage when life was sown;

The hierophant from whom my fate I sought
Perhaps ignores that it too has descended
From unknown soup homogeneously blended
Of which the noted Herbert Spencer taught.

No obscure union or not any nexus
Of shared organic joining of the sexes
Can claim it seized your static soul some morn . . .

From you alone came I, and without norms,
Oh! Mother who created all life forms,
And thus my form lugubrious was born!

O morcego

Meia noite. Ao meu quarto me recolho.
Meu Deus! E este morcego! E, agora, vede:
Na bruta ardência orgânica da sede,
Morde-me a goela ígneo e escaldante molho.

"Vou mandar levantar outra parede . . ."
—Digo. Ergo-me a tremer. Fecho o ferrolho
E olho o teto. E vejo-o ainda, igual a um olho,
Circularmente sobre a minha rede!

Pego de um pau. Esforços faço. Chego
A tocá-lo. Minh'alma se concentra.
Que ventre produziu tão feio parto?!

A Consciência Humana é este morcego!
Por mais que a gente faça, à noite, ele entra
Imperceptivelmente em nosso quarto!

The Bat

It's midnight. I retire to my room.
My God! About this bat! Now, see that speck:
With burning thirst this brute organic gloom,
Now bites my bundled nerves and igneous neck.

"I'll have another wall put up . . ."—say I.
And trembling rise. I lock and bolt the door
The ceiling check. I see him, like an eye,
He circles o'er my hammock more and more!

I grab a stick. I make an effort. Lurking
I touch it. And my soul recoils in fright.
Who could produce so grim a birth, what womb?!

This vampire bat's the Human Conscience working!
No matter what you do, it comes at night
So imperceptibly into our room!

TWENTIETH-CENTURY REPUBLIC

REPÚBLICA SÉCULO XX

❤ Manuel Bandeira

(1886–1968)

Manuel Bandeira nasceu no Recife, capital de Pernambuco, porém viveu a maior parte de sua vida no Rio de Janeiro. Quando jovem, preparava-se para sua carreira como arquiteto, quando foi obrigado a abandonar os estudos após ter contraído tuberculose em 1904. Por muitos anos a morte parecia-lhe iminente e ele até viajou a Europa em busca da cura. Mas, apesar de sua saúde delicada, conseguiu sobreviver muitos dos seus contemporâneos.

Manuel Bandeira iniciou sua carreira literária publicando versos fortemente influenciados pela escola simbolista, porém, seus maiores trabalhos encontram-se adaptados aos moldes dos princípios defendidos pelos modernistas. Suas composições são caracterizadas pela utilização do verso livre, linguagem popular, temas cotidianos, lembranças da infância e o persistente lirismo com o qual ele celebra o amor, a vida e a morte.

❦ Manuel Bandeira

(1886–1968)

Manuel Bandeira was born in Recife, the capital of Pernambuco, but lived most of his life in Rio de Janeiro. As a young man, he prepared for a career in architecture, but in 1904 he contracted tuberculosis and was forced to abandon his studies. He traveled as far as Europe in search of a cure, and for many years, death seemed imminent. Always of delicate health, he nevertheless outlived many of his contemporaries.

Manuel Bandeira began his literary career publishing verse strongly influenced by the symbolist school, but his major work is fashioned according to the poetic principles espoused by the modernists. His writing is characterized by the use of free verse, popular language, everyday themes, childhood memories, and the haunting lyricism with which he celebrates love, life, and death.

Pneumotórax

Febre, hemoptise, dispnéia e suores noturnos.
A vida inteira que podia ter sido e que não foi.
Tosse, tosse, tosse.

Mandou chamar o médico:
—Diga trinta e três.
—Trinta e três . . . trinta e três . . . trinta e três . . .
—Respire.

. . . .
—O senhor tem uma escavação no pulmão esquerdo e o pulmão direito infiltrado.
—Então, doutor, não é possível tentar o pneumotórax?
—Não. A única coisa a fazer é tocar um tango argentino.

Pneumothorax

Fever, hemoptysis, dyspnea and nocturnal sweats.
An entire life that might have been but wasn't.
Cough, cough, cough.

He sent for the doctor:
—Say thirty-three.
—Thirty-three . . . thirty-three . . . thirty-three . . .
—Breathe.

. . . .
—You have a hole in your left lung and seepage in the right.
—Well, doctor, can't we try a pneumothorax?
—No. The only thing to do is play an Argentine tango.

Poética

Estou farto do lirismo comedido
Do lirismo bem comportado
Do lirismo funcionário público com livro de ponto expediente protocolo e
/manifestações de apreço ao sr. diretor.

Estou farto do lirismo que pára e vai averiguar no dicionário o cunho
/vernáculo de um vocábulo

Abaixo os puristas
Todas as palavras sobretudo os barbarismos universais
Todas as construções sobretudo as sintaxes de exceção
Todos os ritmos sobretudo os inumeráveis

Estou farto do lirismo namorador
Político
Raquítico
Sifilítico
De todo lirismo que capitula ao que quer que seja fora de si mesmo.

De resto não é lirismo
Será contabilidade tabela de co-senos secretário do amante exemplar com
/cem modelos de cartas e as diferentes maneiras de agradar às mulheres, etc.

Quero antes o lirismo dos loucos
O lirismo dos bêbados
O lirismo difícil e pungente dos bêbados
O lirismo dos clowns de Shakespeare

—Não quero mais saber do lirismo que não é libertação.

Poetics

I'm fed up with restrained lyricism
Of well behaved lyricism
Of public servant with time card office protocol and kissing up to the boss
/lyricism.

I'm fed up with lyricism that stops and looks in the dictionary for the
/vernacular minting of the word

Down with the purists
All words especially the universal barbarisms
All constructions especially the syntactical exceptions
All rhythms especially the innumerables

I'm fed up with courting love lyricism
Political
Rachitical
Syphilitical
Of all lyricism which capitulates to anything which is not true to itself.

Beyond that it's not lyricism
It may be bookkeeping table of cosines handbook for the perfect lover with a
/hundred examples of letters and different ways to please the ladies, etc.

Give me the lyricism of lunatics
The lyricism of drunks
The difficult and pungent lyricism of drunks
The lyricism of Shakespeare's clowns

—I want nothing more to do with lyricism that isn't liberation.

Evocação do Recife

Recife
Não a Veneza americana
Não a Mauritsstad dos armadores das Índias Ocidentais
Não o Recife dos Mascates
Nem mesmo o Recife que aprendi a amar depois—
    Recife das revoluções libertárias
Mas o Recife sem história nem literatura
Recife sem mais nada
Recife da minha infância

A rua da União onde eu brincava de chicote-queimado e partia as vidraças da
                                    /casa de dona Aninha Viegas
Totônio Rodrigues era muito velho e botava o pincenê na ponta do nariz
Depois do jantar as famílias tomavam a calçada com cadeiras, mexericos,
                                    /namoros, risadas

A gente brincava no meio da rua
Os meninos gritavam:

                Coelho sai!
                Não sai!

À distância as vozes macias das meninas politonavam:

                Roseira dá-me uma rosa
                Craveiro dá-me um botão

(Dessas rosas muita rosa
Terá morrido em botão . . .)

De repente
              nos longes da noite
                          um sino

Evocation of Recife

Recife
Not the American Venice
Not the Mauritsstad of the armorers of the West Indies
Not the Recife of the Mascates
Nor even the Recife I came to love later—
    Recife of the libertarian revolutions
But the Recife with neither history nor literature
Recife and nothing else
Recife of my childhood

Union Street where I'd play crack the whip and break the window panes of
                                        /Aninha Viegas' house
Totônio Rodrigues was very old and he'd wear his pince-nez on the tip of his nose
After dinner families would take to the sidewalk with chairs, gossip,
                                        /flirtations, laughter

We'd play in the middle of the street
The kids would yell:

            The rabbit's out!
            Not out!

In the distance the soft voices of the young girls polytonizing:

            Rosebush give me a rose
            Carnation grow me a bud

(Of those roses many a rose
Must have died in the bud . . .)

Suddenly
            in the far-off distances of the night
                                        a bell

Uma pessoa grande dizia:
Fogo em Santo Antônio!
Outra contrariava: São José!
Totônio Rodrigues achava sempre que era São José.
Os homens punham o chapéu saíam fumando
E eu tinha raiva de ser menino porque não podia ir ver o fogo

Rua da União ...
Como eram lindos os nomes das ruas da minha infância
Rua do Sol
(Tenho medo que hoje se chame do dr. Fulano de Tal)
Atrás da casa ficava a rua da Saudade ...
                         ... onde se ia fumar escondido
Do lado de lá era o cais da rua da Aurora ...
                         ... onde se ia pescar escondido
Capiberibe
—Capibaribe

Lá longe o sertãozinho de Caxangá
Banheiros de palha

Um dia eu vi uma moça nuinha no banho
Fiquei parado o coração batendo
Ela se riu
                    Foi o meu primeiro alumbramento

Cheia! As cheias! Barro boi morto árvores destroços redomoinho sumiu
E nos pegões da ponte do trem de ferro os caboclos destemidos em jangada
                              /de bananeiras

Novenas
       Cavalhadas
Eu me deitei no colo da menina e ela começou a passar a mão nos meus cabelos
Capiberibe
—Capibaribe

A big person would say:
Fire in Santo Antônio!
Another would contradict: São José!
Totônio Rodrigues always thought it was São José.
The men would put on their hats and leave smoking
And I was furious that I was only a boy 'cause I couldn't go see the fire

Union Street . . .
How delightful were the names of the streets of my childhood
Sun Street
(I'm afraid today it's named after Dr. So and So)
Behind our house was Nostalgia Street . . .
               . . . where we'd go sneak a cigarette
On the other side was the pier on Aurora Street . . .
               . . . where we'd play hooky and fish
Capiberibe
—Capibaribe

And far away the backlands of Caxangá
Straw bathhouses

One day I saw a young girl bathing in the nude
I was paralyzed my heart beating
She laughed
               It was my first illumination

Flood! The Floods! Mud dead ox trees rubble whirlpool gone
And on the abutments of the railroad bridge the fearless country folk on
               /banana rafts

Novenas
     Horseshows
I lay in the young girl's lap and she began to run her fingers through my hair
Capiberibe
—Capibaribe

Rua da União onde todas as tardes passava a preta das bananas
                  Com o xale vistoso de pano da Costa
E o vendedor de roletas de cana
O de amendoim
            que se chamava midubim e não era torrado era cozido
Me lembro de todos os pregões:
        Ovos frescos e baratos
        Dez ovos por uma pataca
Foi há muito tempo . . .

A vida não me chegava pelos jornais nem pelos livros
Vinha da boca do povo na língua errada do povo
Língua certa do povo
Porque ele é que fala gostoso o português do Brasil
        Ao passo que nós
        O que fazemos
        É macaquear
        A sintaxe lusíada
A vida com uma porção de coisas que eu não entendia bem
Terras que não sabia onde ficavam

Recife . . .
        Rua da União . . .
                A casa de meu avô . . .
Nunca pensei que ela acabasse!
Tudo lá parecia impregnado de eternidade

Recife . . .
        Meu avô morto.
Recife morto, Recife bom, Recife brasileiro como a casa de meu avô.

Union Street where each evening the Creole banana lady would pass by
                    With her bright-colored shawl made of cotton cloth
And the vendor of sugar cane
And of peanuts
                    which was called *midubim* and they weren't roasted they were cooked
I remember all the street vendors' cries:
          Fresh eggs and cheap
          Ten eggs for a dime
It was a long time ago . . .

Life didn't reach me through newspapers nor through books
It came from the lips of the people in the ungrammatical language of the people
The correct language of the people
Because they are who speak the tasty Portuguese of Brazil
          Whereas we
          What we do
          Is ape
          The syntax of Portugal
Life with a whole bunch of things I didn't quite understand
Countries whose whereabouts I didn't know

Recife . . .
          Union Street . . .
                              My grandfather's house . . .
I never thought it would end!
Everything there seemed impregnated with eternity

Recife . . .
          My grandfather dead.
Recife dead, good Recife, Brazilian Recife like my grandfather's house.

Irene no céu

Irene preta
Irene boa
Irene sempre de bom humor.

Imagino Irene entrando no céu:
—Licença, meu branco!
E São Pedro bonachão:
—Entra, Irene. Você não precisa pedir licença.

Irene in Heaven

Black Irene
Good Irene
Always in good humor Irene.

I imagine Irene entering heaven:
—May I, my good man!
And St. Peter good naturedly:
—Come in, Irene. You don't need to ask permission.

O bicho

Vi ontem um bicho
Na imundície do pátio
Catando comida entre os detritos.

Quando achava alguma coisa,
Não examinava nem cheirava:
Engolia com voracidade.

O bicho não era um cão,
Não era um gato,
Não era um rato.

O bicho, meu Deus, era um homem.

The Animal

Yesterday I saw an animal
In the filth of the patio
Scratching for food in the putrid wastes.

When it found something,
It neither examined nor smelled:
But gulped it down voraciously.

The animal wasn't a dog,
It wasn't a cat,
It wasn't a rat.

The animal, my God, was a man.

❤ Oswald de Andrade

(1890–1954)

Oswald de Andrade nasceu na cidade de São Paulo e foi considerado o mais dinâmico e inovador poeta dentre todos os modernistas. Um dos organizadores da famosa "Semana de Arte Moderna" em fevereiro de 1922, esteve engajado em diversos tipos de polêmicas por toda a sua vida. Investindo contra os valores tradicionais da sociedade e as suas instituições—particularmente no que diz respeito às formas já estabelecidas de literatura—o humor e a sátira necessariamente permeam sua obra. Sua intenção era de destruir tudo o que fosse falso (i.e., estrangeiro), e exaltar tudo o que fosse verdadeiramente brasileiro e, acima de tudo, humano (i.e., autêntico). O seu "Manifesto antropófago", por exemplo, é uma adaptação moderna dum ritual tradicional do índio brasileiro para assimilar qualidades desejáveis encontrados num inimigo conquistado. Oswald propõe que a ideal maneira para o brasileiro moderno de beneficiar-se de desejáveis influências estrangeiras, e ainda reter sua autonomia, é comer os representantes.

Sempre um experimentador audacioso, ele conseguia apreender o momento criativo e capturá-lo sob forma de frases incisivos e expressivos—freqüentemente à custa de seus amigos íntimos e sem levar em consideração seus sentimentos pessoais—o que levou muitos a considerá-lo meramente como um destruidor, ou, pior ainda, como um bufão. Na verdade, porém, Oswald de Andrade apresentava um senso de humor circunspecto e criava muito mais do que propriamente atacava. Publicou suas obras extensivas para teatro, poesia, prosa e jornalismo e, sem sombra de dúvidas, é um dos escritores mais originais das letras brasileiras.

Oswald de Andrade

(1890–1954)

Oswald de Andrade, born in the city of São Paulo, capital of the state by the same name, was of all the modernists the most dynamic and by far the most innovative. He was one of the organizers of the famed Semana de Arte Moderna (Modern Art Week) held in February 1922. Andrade was engaged in some type of polemics throughout most of his life, attacking society's traditional values and institutions—particularly with regards to the established forms of literature. Humor and satire necessarily pervade his work since his intention was to destroy all that was false (i.e., foreign) and exalt that which was truly Brazilian and above all human (i.e., genuine). For example, his "Anthropophogist Manifesto," is a clever modern adaptation of a traditional Brazilian Indian ritual used to assimilate desired qualities found in a vanquished foe. Oswald proposes that the ideal way for modern Brazilians to benefit from desirable foreign influences, while still retaining their autonomy, is to eat the representatives.

Always an audacious experimenter, he would seize the creative moment to capture it with a barb or pithy statement—often at the expense of his closest friends and with no thought for their personal feelings—causing many to look upon him merely as one who destroys, or worse, a buffoon. But in truth, Oswald de Andrade was serious about his humor and created far more than he attacked. Oswald published extensively in theater, poetry, prose, and journalism and is, undoubtedly, one of the most original men of Brazilian letters.

Escola Berlites

Todos os alunos têm a cara ávida
Mas a professora sufragete
Maltrata as pobres datilógrafas bonitas
E detesta
    The spring
        Der Frühling
            La primavera scapigliata
Há uma porção de livros pra ser comprados
A gente fica meio esperando
As campainhas avisam
As portas se fecham

É formoso o pavão?
De que cor é o Senhor Seixas?
Senhor Lázaro traga-me tinta
Qual é a primeira letra do alfabeto?
Ah!

Berlitz School

All the students have eager faces
But the suffragette teacher
Mistreats the poor pretty typists
And detests
    The spring
        Der Frühling
                La primavera scapigliata
There are a number of books to be purchased
Everyone's kind of waiting around
The bells ring
The doors close

Is the peacock beautiful?
What color is Mr. Seixas?
Mr. Lazarus bring me the ink
What is the first letter of the alphabet?
Ah!

A Europa curvou-se ante o Brasil

7 a 2
3 a 1
A injustiça de Cette
4 a 0
2 a 1
2 a 0
3 a 1
E meia dúzia na cabeça dos portugueses

Europe Bowed to Brazil

7 to 2
3 to 1
The injustice at Cette
4 to 0
2 to 1
2 to 0
3 to 1
And half a dozen knocks on Portuguese heads

Canto do regresso à pátria

Minha terra tem palmares
Onde gorjeia o mar
Os passarinhos daqui
Não cantam como os de lá

Minha terra tem mais rosas
E quase que mais amores
Minha terra tem mais ouro
Minha terra tem mais terra

Ouro terra amor e rosas
Eu quero tudo de lá
Não permita Deus que eu morra
Sem que volte para lá

Não permita Deus que eu morra
Sem que volte pra São Paulo
Sem que veja a Rua 15
E o progresso de São Paulo

Song of Return to My Country

In my country there are palm groves
Where the sea does all the warbling
And the little birds they have here
Don't sing like those over there

In my country there's more roses
And there's just about more love
In my country there's more gold
In my country there's more country

Gold and country love and roses
I want all of them from there
May God not permit my dying
Without first returning there

May God not permit my dying
Till I get back to São Paulo
Till I've first seen 15th Street
And the progress of São Paulo

Contrabando

Os alfandegueiros de Santos
Examinaram minhas malas
Minhas roupas
Mas se esqueceram de ver
Que eu trazia no coração
Uma saudade feliz
De Paris

Contraband

The customs inspectors of Santos
Examined my suitcases
My clothing
But they forgot to see
That in my heart I was carrying
A happy memory
Of Paree

Amor

humor

Amour

humor

Balada do Esplanada

Ontem à noite
Eu procurei
Ver se aprendia
Como é que se fazia
Uma balada
Antes d'ir
Pro meu hotel

É que este
Coração
Já se cansou
De viver só
E quer então
Morar contigo
No Esplanada

Eu qu'ria
Poder
Encher
Este papel
De versos lindos
É tão distinto
Ser menestrel

No futuro
As gerações
Que passariam
Diriam
É o hotel
Do menestrel

Pra m'inspirar
Abro a janela
Como um jornal
Vou fazer
A balada
Do Esplanada
E ficar sendo
O menestrel
De meu hotel

Mas não há poesia
Num hotel
Mesmo sendo
'Splanada
Ou Grand-Hotel

Há poesia
Na dor
Na flor
No beija-flor
No elevador

Oferta

Quem sabe
Se algum dia
Traria
O elevador
Até aqui
O teu amor

Ballade of the Esplanade

Last night
I tried to see
If I could learn
How to discern
To write a ballade
Before I went
To my hotel

It's just that
This heart's tired
Right to the bone
Living alone
And so aspired
To live with you
At the Esplanade

I really wish
That I were able
To sit at table
And fill this paper
With pretty verses
It's really swell
To be a minstrel

In the future
The generations
Which would pass
Would say alas
It's the hotel
Of the minstrel

To gain inspiration
I open the window
Like a newspaper
I'm going to write
The ballade
Of the Esplanade
And thus become
The minstrel
Of my hotel

But there's no poetry
In a hotel
Even if it's
'Splanade
Or Grand-Hotel

There's poetry
In sorrows
In flowers
In hummingbirds and bowers
In elevator towers

Offering

Who knows
If one day
The elevator may
Bring me
Here up above
Your love

Brasil

O Zé Pereira chegou de caravela
E preguntou pro guarani da mata virgem
—Sois cristão?
—Não. Sou bravo, sou forte, sou filho da Morte
Teterê tetê Quizá Quizá Quecê!

Lá longe a onça resmungava Uu! ua! uu!
O negro zonzo saído da fornalha
Tomou a palavra e respondeu
—Sim pela graça de Deus
Canhem Babá Canhem Babá Cum Cum!
E fizeram o Carnaval

Brazil

Joe Pereira arrived by caravel
And asked the Guarani in the virgin jungle
—Are you a Christian?
—No. I'm fierce, and I'm strong, son of Death, here's my song
Teterê tetê Quizá Quizá Quecê!

Off in the distance the cougar grumbled Uu! ua! uu!
The giddy Negro just out of the furnace
Began to speak and answered
—Yes by the grace of God
Canhem Babá Canhem Babá Cum Cum!
And they organized Carnival

Crônica

Era uma vez
O mundo

Chronicle

Once upon a time
The world

Erro de português

Quando o português chegou
Debaixo duma bruta chuva
Vestiu o índio
Que pena!
Fosse uma manhã de sol
O índio tinha despido
O português

The Portuguese Error

When the Portuguese arrived
Under a drenching rain
He dressed the Indian
What a shame!
Had it been a sun-filled morning
The Indian would have undressed
The Portuguese

❤ Mário de Andrade

(1893-1945)

Mário de Andrade, considerado o "papa" do modernismo brasileiro, nasceu na cidade de São Paulo e foi não somente reconhecido como um dos dirigentes de sua geração, como também foi o seu maior teórico, crítico e defensor. Seu romance *Macunaíma* (uma colagem da sabedoria folclórica de todas as raças e regiões brasileiras), abriu terreno para o surgimento de um novo estilo de ficção em prosa, assim como a sua obra *Paulicéia desvairada* estabeleceu um novo estilo de poesia.

Após a Primeira Guerra Mundial, o Brasil deu os primeiros passos em sua transformação numa nação moderna. São Paulo, aparentemente da noite para o dia, transformou-se de uma sonolenta, provinciana cidade cafeteira, em um complexo parque industrial. A poesia de Mário de Andrade reflete o senso de alienação sentido pelo homem simples ao ser surpreendido pela era da máquina. Também, reflete o seu orgulho em ser brasileiro (o que implica a miscigenação das três principais raças e culturas formadoras do povo brasileiro—européia, africana e indígena—das quais ele próprio era descendente). Por essa razão, Mário de Andrade insiste numa gramática, sintaxe e discurso coloquiais brasileiros, extraindo muito de sua inspiração poética das experiências brasileiras cotidianas. Além de suas atividades literárias, Mário de Andrade foi um entusiasta do folclore brasileiro e um importante musicólogo, tendo exercido a função de docente no Conservatório de Música de São Paulo.

Mário de Andrade

(1893–1945)

Mário de Andrade is commonly regarded as the "pope" of Brazilian modernism. Born in the city of São Paulo, he was not only recognized as his generation's trendsetter but was its finest theoretician, critic, and defender. His novel *Macunaíma* (a collage of the folk wisdom of all Brazilian regions and races) broke ground for a new style in prose fiction, just as his *Paulicéia desvairada* (literally, São Paulo Gone Mad) established the new poetry.

After World War I, Brazil began its transformation into a modern nation. São Paulo seemingly changed overnight from a sleepy, provincial coffee town to an industrial park complex. Mário de Andrade's poetry reflects the sense of alienation felt by the average man caught in the machine age. Yet his poetry also reflects pride in being Brazilian (which implies the miscegenation of the three principal races and cultures—European, African, and Indian—from which he himself descended), for he insists on Brazilian grammar, syntax, and colloquial speech and draws much of his poetic inspiration from the common, everyday Brazilian experience. In addition to his literary activities, Mário de Andrade was a serious student of Brazilian folklore and a leading musicologist; he taught at the São Paulo Conservatory of Music.

O poeta come amendoim

Noites pesadas de cheiros e calores amontoados . . .
Foi o Sol que por todo o sítio imenso do Brasil
Andou marcando de moreno os brasileiros.

Estou pensando nos tempos de antes de eu nascer . . .

A noite era pra descansar. As gargalhadas brancas dos mulatos . . .
Silêncio! O Imperador medita os seus versinhos.
Os Caramurus conspiram na sombra das mangueiras ovais.
Só o murmurejo dos cre'm-deus-padres irmanava os homens de meu país . . .
Duma feita os canhamboras perceberam que não tinha mais escravos,
Por causa disso muita virgem-do-rosário se perdeu . . .

Porém o desastre verdadeiro foi embonecar esta República temporã.
A gente inda não sabia se governar . . .
Progredir, progredimos um tiquinho
Que o progresso também é uma fatalidade . . .
Será o que Nosso Senhor quiser! . . .

Estou com desejos de desastres . . .
Com desejos do Amazonas e dos ventos muriçocas
Se encostando na cangerana dos batentes . . .
Tenho desejos de violas e solidões sem sentido
Tenho desejos de gemer e de morrer.

Brasil . . .
Mastigado na gostosura quente do amendoim . . .
Falado numa língua curumim
De palavras incertas num remeleixo melado melancólico . . .
Saem lentas frescas trituradas pelos meus dentes bons . . .
Molham meus beiços que dão beijos alastrados
E depois semitoam sem malícias as rezas bem nascidas . . .

The Poet Eats Peanuts

Nights heavy with smells and piled up heat . . .
It was the Sun which throughout the immensity of Brazil
Went about branding the Brazilians brown.

I'm thinking of the times before I was born . . .

Nights were made for resting. The white laughter of the mulattos . . .
Silence! The Emperor ponders his little verses.
The Caramurus conspire in the shade of the oval mango trees.
Only the murmur of the believe-in-God-priests united the men of my country . . .
All at once the runaways realized there were no more slaves,
As a result many a Virgin-of-the-Rosary was lost . . .

However the real disaster was to doll up this premature Republic.
We didn't yet know how to govern ourselves . . .
Progress, we progressed just a touch
For progress is also inevitable . . .
Whatever Our Lord decrees will be! . . .

I'm in the mood for disasters . . .
In the mood for the Amazon and the Muriçoca winds
Leaning on the *cangerana* wood of the doorposts . . .
I'm in the mood for guitars and unexplained loneliness
I'm in the mood to sigh and to die.

Brazil . . .
Masticated in the tasty warmth of the peanut . . .
Sung in a neophyte tongue
Of uncertain words in a honeyed melancholy swing . . .
They emerge slowly freshly triturated by my good teeth . . .
They moisten my lips which give diffuse kisses
And later they semitone without malice the well-bred prayers . . .

Brasil amado não porque seja minha pátria,
Pátria é acaso de migrações e do pão-nosso onde Deus der . . .
Brasil que eu amo porque é o ritmo do meu braço aventuroso,
O gosto dos meus descansos,
O balanço das minhas cantigas amores e dansas.
Brasil que eu sou porque é a minha expressão muito engraçada,
Porque é o meu sentimento pachorrento,
Porque é o meu jeito de ganhar dinheiro, de comer e de dormir.

Beloved Brazil not because it's my country,
Country is by chance of migrations and our-daily-bread where God disposes . . .
Brazil that I love because it's the rhythm of my adventurous arm,
The pleasure of my quiet rests,
The swaying of my songs loves and dances.
Brazil that I am because it is my very amusing expression,
Because it's my sluggish sentiment,
Because it's my way of earning money, of eating and of sleeping.

Viuvita

Ela era mesmo bonita, muito moça
Esperando autobonde sozinha na esquina.
Todos os homens a encaravam sem respeito, desejando.

Vai, pra se livrar de tanta amolação
Ela fez esse gesto de moça que arranja chapéu,
Só pra mostrar a defesa que tinha no dedo, uma aliança.
A moça esqueceu que tinha duas alianças no dedo . . .
Por causa disso os homens se aproximaram mais.

The Young Widow

She really was pretty, very young
Waiting for the streetcar alone on the corner.
All the men were eyeing her disrespectfully, desiring.

Well, to rid herself of so much annoyance
She made that girlish gesture of adjusting her hat,
Just to show the defense she had on her finger, a ring.
The young woman forgot she had two rings on her finger . . .
As a result the men came even closer.*

*It was the custom for a widow to also wear her deceased husband's wedding ring until such time as she remarried.

Lembranças do Losango Cáqui

Meu Deus como ela era branca! . . .
Como era parecida com a neve . . .
Porém não sei como é a neve,
Eu nunca vi a neve,
Eu não gosto da neve!

E eu não gostava dela . . .

Reminiscences of Khaki Lozenge

My goodness but she was white! . . .
How like the snow was she . . .
However, I don't know what snow is like,
I've never seen the snow,
I don't like snow!

And I didn't like her . . .

Improviso do mal da América

Grito imperioso de brancura em mim...

Eh coisas de minha terra, passados e formas de agora,
Eh ritmos de síncopa e cheiros lentos de sertão,
Varando contracorrente o mato impenetrável do meu ser...
Não me completam mais que um balango de tango,
Que uma reza de indiano no templo de pedra,
Que a façanha do chim comunista guerreando,
Que prantina de piá encastoado de neve, filho de Lapão.

São ecos. Mesmos ecos com a mesma insistência filtrada
Que ritmos de síncopa e cheiro do mato meu.
Me sinto branco, fatalizadamente um ser de mundos que nunca vi.
Campeio na vida a jacumã que mude a direção destas igaras fatigadas
E faça tudo ir indo de rodada mansamente
Ao mesmo rolar de rio das aspirações e das pesquisas...
Não acho nada, quase nada, e meus ouvidos vão escutar amorosos
Outras vozes de outras falas de outras raças, mais formação, mais forçura.
Me sinto branco na curiosidade imperiosa de ser.
Lá fora o corpo de São Paulo escorre vida ao guampasso dos arranhacéus,
E dança na ambição compacta de dilúvios de penetras.
Vão chegando italianos didáticos e nobres;
Vai chegando a falação barbuda de Unamuno
Emigrada pro quarto-de-hóspedes acolhedor da Sulamérica;
Bateladas de húngaros, búlgaros, russos se despejam na cidade...
Trazem vodka no sapiquá de veludo,
Detestam caninha, detestam mandioca e pimenta,
Não dançam maxixe, nem dançam catira, nem sabem amar suspirado.
E de noite monótonos reunidos na mansarda, bancando conspiração,
As mulheres fumam feito chaminés sozinhas,
Os homens destilam vícios aldeões na catinga;
E como sempre entre eles tem sempre um que manda sempre em todos.
Tudo calou de sopetão, e no ar amulegado da noite que sua...
—Coro? Onde se viu agora coro a quatro vozes, minha gente!—

Improvisation on What's Wrong with America

Imperious shout of whiteness within me . . .

Ah things of my country, past and forms of the present,
Ah syncopated rhythms and damp smells of the backlands,
Pushing upstream through the impenetrable brush country of my being . . .
They don't fulfill me any more than the sway of a tango,
Than the prayer of an East Indian in his stone temple,
Than the feats of a Chinese Communist at war,
Than the crying of a baby inlaid with snow, a child of Lapland.

They're echoes. The same echoes with the same filtered insistence
As the syncopated rhythms and the smell of my brush country.
I feel white, fatalizedly a creature of worlds I've never seen.
I ride life's range for the oar that will change the course of these tired canoes
And make everything go gliding along smoothly
With the same riverlike flow of aspirations and questings . . .
I don't find anything, almost nothing, and my ears are going to listen lovingly
To other voices of other languages of other races, more education, more force.
I feel white in the imperious search for being.
Out there the body of São Paulo gushes life to the goose step of the skyscrapers,
And dances in the compact ambition of the deluge of gate-crashers.
Italians keep arriving didactic and noble;
The bearded speech of Unamuno keeps arriving
Emigrating to the hospitable guest room that is Southamerica;
Boatloads of Hungarians, Bulgarians, Russians pour into the city . . .
They bring vodka in their velvet carpetbags,
They detest white rum, they detest manioc and hot sauce,
They don't dance *Maxixe,* nor *Catira,* nor do they know how to love sighingly.
And at night monotonously they meet in a garret, concocting conspiracy,
The women smoke like chimneys alone,
The men distill rustic vices in the backlands;
And as always among them there is always one who's always the boss of everyone
Everything quieted suddenly, and in the flabby night air that perspires . . .
—Choir? Who ever heard of a four-part choir, I ask you!—

Mário de Andrade — 265

São coros, coros ucranianos batidos ou místicos, Sehnsucht d'além-mar!
Home . . . Sweet home . . . Que sejam felizes aqui!

Mas eu não posso não me sentir negro nem vermelho!
De certo que essas cores também tecem minha roupa arlequinal,
Mas eu não me sinto negro, mas eu não me sinto vermelho,
Me sinto só branco, relumeando caridade e acolhimento,
Purificado na revolta contra os brancos, as pátrias, as guerras, as posses as
/preguiças e ignorâncias!
Me sinto só branco agora, sem ar neste ar-livre da América!
Me sinto só branco, só branco em minha alma crivada de raças!

They're choirs, Ukrainian choirs trite or mystical, Sehnsucht from o'er the sea!
Home . . . Sweet home . . . May they be happy here!

But I cannot not feel myself black or red!
Certainly those colors also weave my harlequin clothing,
But I don't feel black, but I don't feel red,
I feel only white, reluminating charity and hospitality,
Purified in the revolt against whites, homelands, wars, possessions, indolences
/and ignorances!
I feel only white now, without air in the free-air of America!
I feel only white, only white in my soul riddled with races!

Garoa de meu São Paulo

Garoa do meu São Paulo,
—Timbre triste de martírios—
Um negro vem vindo, é branco!
Só bem perto fica negro,
Passa e torna a ficar branco.

Meu São Paulo da garoa,
—Londres das neblinas finas—
Um pobre vem vindo, é rico!
Só bem perto fica pobre,
Passa e torna a ficar rico.

Garoa do meu São Paulo,
—Costureira de malditos—
Vem um rico, vem um branco,
São sempre brancos e ricos ...

Garoa, sai dos meus olhos.

The Mist of My São Paulo

The mist of my São Paulo,
—Sad signet of afflictions—
A black man approaches, he's white!
Only up close is he black,
He passes and turns white again.

My São Paulo of the mist,
—London with a fine mist fog—
A poor man approaches, he's rich!
Only up close is he poor,
He passes and turns rich again.

The mist of my São Paulo,
—Seamstress of the cursed and damned—
A rich man comes, a white man comes,
They're always white and always rich . . .

Hey mist, get out of my eyes.

❤ Jorge de Lima

(1895–1953)

Jorge de Lima, médico, artista plástico, político e poeta, nasceu no estado de Alagoas. Apresentando uma escrita muito complexa e extremamente variada, iniciou sua carreira como um seguidor rigoroso do estilo parnasiano. Numa fase posterior, tornou-se um modernista e, finalmente, passou a se dedicar às formas surrealistas, incluíndo a escrita automática. Várias vezes durante a sua vida, foi considerado um dos mais importantes expoentes de diversos temas como, por exemplo, a poesia de caráter religioso (ele professava a fé católica), o negro brasileiro, e o sertanejo. "Essa negra Fulô", obra de sua autoria e um dos mais queridos e citados poemas brasileiros, apresenta-nos a expressão atraente da escrava negra. Os dois sonetos são provenientes de sua interpretação moderna da lenda de Orfeu.

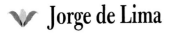 # Jorge de Lima

(1895–1953)

Jorge de Lima, medical doctor, painter, politician, and poet, was born in the northeastern state of Alagoas. Highly complex and extremely varied in his writing, he began his career as a strict, rule-following Parnassian, then became a modernist, and finally gave himself over to surrealistic forms, including automatic writing. At different times in his life, he also became known as one of the leading poets of such varied subjects as religion (he was a Roman Catholic), the Black man of Brazil, and the *sertanejo* (backwoodsman). His portrayal of the attractive slave in "That Young Black Girl Fulô" makes it one of the most beloved and oft-quoted poems of Brazil. The two sonnets are from his modern rendering of the Orpheus legend.

Essa negra Fulô

Ora, se deu que chegou
(isso já faz muito tempo)
no bangüê dum meu avô
uma negra bonitinha
chamada negra Fulô.

Essa negra Fulô!
Essa negra Fulô!

Ó Fulô! Ó Fulô!
(Era a fala da Sinhá)
—Vai forrar a minha cama,
pentear os meus cabelos,
vem ajudar a tirar
a minha roupa, Fulô!

Essa negra Fulô!

Essa negrinha Fulô
ficou logo pra mucama,
para vigiar a Sinhá
pra engomar pro Sinhô!

Essa negra Fulô!
Essa negra Fulô!

Ó Fulô! Ó Fulô!
(Era a fala da Sinhá)
vem me ajudar, ó Fulô,
vem abanar o meu corpo
que eu estou suada, Fulô!

vem coçar minha coceira,
vem me catar cafuné,
vem balançar minha rede,
vem me contar uma história,
que eu estou com sono, Fulô!
Essa negra Fulô!

"Era um dia uma princesa
que vivia num castelo
que possuía um vestido
com os peixinhos do mar.
Entrou na perna dum pato
saiu na perna dum pinto
o Rei-Sinhô me mandou
que vos contasse mais cinco."

Essa negra Fulô!
Essa negra Fulô!

Ó Fulô? Ó Fulô?
Vai botar para dormir
esses meninos, Fulô!
"Minha mãe me penteou
minha madrasta me enterrou
pelos figos da figueira
que o Sabiá beliscou."

Essa negra Fulô!
Essa negra Fulô!

Fulô? Ó Fulô?
(Era a fala da Sinhá
chamando a negra Fulô.)
Cadê meu frasco de cheiro
que teu Sinhô me mandou?

That Young Black Girl Fulô

Now, it happened that there came
(this occurred so long ago)
to my grandfather's plantation
a young, pretty, black sensation
who was called black girl Fulô.

That young black girl Fulô!
That young black girl Fulô!

Oh Fulô! Oh Fulô!
(You could hear the Missus call)
—Go and freshen up my bed,
get the brush and comb my hair,
come and help me get undressed
take my clothing off, Fulô!

That young black girl Fulô!

That young black girl named Fulô
soon became a servant girl,
she would take care of the Missus
she would starch the Master's clothes!

That young black girl Fulô!
That young black girl Fulô!

Oh Fulô! Oh Fulô!
(You could hear the Missus call)
come and help me, oh Fulô,
come and fan my body quickly
'cause I'm sweaty, oh Fulô!

come and scratch me where it itches,
come and stroke and rub my head,
come and swing my hammock gently,
come and tell a bedtime story,
'cause I'm sleepy now, Fulô!
That young black girl Fulô!

"Once there was a lovely princess
who was living in a castle
where she owned a pretty dress
with the fishies of the sea.
She entered the leg of a duck
came out through the leg of a quail
the Lord-King commands me to say
five times I must tell you a tale."

That young black girl Fulô!
That young black girl Fulô!

Oh Fulô? Oh Fulô?
Go and get those children ready
for it's bedtime, oh Fulô!
"Mother combed and brushed my hair
stepmother buried me out there
where the figs grow on our trees
eaten by the birds and bees."

That young black girl Fulô!
That young black girl Fulô!

Fulô? Oh Fulô?
(You could hear the Missus call
for that young black girl Fulô.)
Where's my bottle of perfume
which your Master sent to me?

Jorge de Lima — 273

—Ah! foi você que roubou!
Ah! foi você que roubou!

O Sinhô foi ver a negra
levar couro do feitor.
A negra tirou a roupa.

O Sinhô disse: Fulô!
(A vista se escureceu
que nem a negra Fulô.)

    Essa negra Fulô!
    Essa negra Fulô!

Ó Fulô? Ó Fulô?
Cadê meu lenço de rendas
cadê meu cinto, meu broche,
cadê meu terço de ouro
que teu Sinhô me mandou?
Ah! foi você que roubou.
Ah! foi você que roubou.

    Essa negra Fulô!
    Essa negra Fulô!

O Sinhô foi açoitar
sozinho a negra Fulô.
A negra tirou a saia
e tirou o cabeção,
de dentro dele pulou
nuinha a negra Fulô.

    Essa negra Fulô!
    Essa negra Fulô!

Ó Fulô? Ó Fulô?
Cadê, cadê teu Sinhô
que nosso Senhor me mandou?
Ah! foi você que roubou,
foi você, negra Fulô?

    Essa negra Fulô!

—Ah! so you're the thief I see!
Ah! so you're the thief I see!

Master went to see the black girl
get a whipping at the post.
Black girl took off all her clothing.

Master whispered: oh Fulô!
(Things went black before his eyes
black as young black girl Fulô).

    That young black girl Fulô!
    That young black girl Fulô!

Oh Fulô? Oh Fulô?
Where's my white and lacy hankie
where's my belt, and where's my broach,
where's my golden rosary
which your Master sent to me?
Ah! so you're the thief I see.
Ah! so you're the thief I see.

    That young black girl Fulô!
    That young black girl Fulô!

Master went alone this time
for the whipping of Fulô.
Black girl stepped out of her skirt
pulled the collar o'er her head,
from within her camisole
out popped naked black Fulô!

    That young black girl Fulô!
    That young black girl Fulô!

Oh Fulô? Oh Fulô?
Where, oh where'd your Master go
whom our Lord had sent to me?
Ah! so you're the thief I see,
was it you, black girl Fulô?

    That young black girl Fulô!

"Era um cavalo todo feito em chamas"

Era um cavalo todo feito em chamas
alastrado de insânias esbraseadas;
pelas tardes sem tempo ele surgia
e lia a mesma página que eu lia.

Depois lambia os signos e assoprava
a luz intermitente, destronada,
então a escuridão cobria o rei
Nabucodonosor que eu ressonhei.

Bem se sabia que ele não sabia
a lembrança do sonho subsistido
e transformado em musas sublevadas.

Bem se sabia: a noite que o cobria
era a insânia do rei já transformado
no cavalo de fogo que o seguia.

It was a horse completely made of flames

It was a horse completely made of flames
diffused with madness and in fire ablaze;
in timeless afternoons he would appear
and read the very page that I'd read here.

And after he would lick the signs he'd blow
the intermittent light, now found deposed,
then darkness cloaked the royal king himself
Nebuchadnezzar whom I'd redreamed myself.

It was well known that he just didn't know
the memory of the dream which still subsisted
and now transformed in muses in rebellion.

It was well known: the night which cloaked him so
was madness of the king who'd been transformed
into the horse which followed where he'd go.

"No centro um tribunal. Eu me recordo"

No centro um tribunal. Eu me recordo
que havia em meio a ilha um tribunal.
E por mais que me esforce afastar tal
recordação, revejo o tribunal.

Levaram-me a ele. Fui. Eu me recordo.
Em torno havia um círculo fatal.
Os olhos em redor. E tudo igual.
Igual circunferência: o bem e o mal.

Ilha e tribunal; e eu, ali, no meio
e os olhos em redor. Eu me recordo.
No centro o tribunal. Ergui-me e olhei-o.

E olhou-me o tribunal em seu rebordo
de olhares sobre mim, sobre os meus erros:
E tudo em círculo entre o bem e o mal.

A court within the center. I remember

A court within the center. I remember
that in the island's center was a court.
And though I may try hard to ban this sort
of memory, I still can see the court.

They took me there. I went. I do remember.
A fateful circle ringing it they had.
The eyes were all around. The same and sad.
The same circumference: both for good and bad.

The isle and court; and in the middle, me
the eyes were all around. I do remember.
Amid the isle a court. I rose to see.

The court stared at me censuring me each member
their eyes upon me, fixed upon my errors:
And all encircled 'twixt the good and bad.

❤ Cecília Meireles

(1901–1964)

Cecília Meireles, nascida no Rio de Janeiro, foi criada pela avó açoreana após a morte de seus pais, quando apenas uma criancinha de três anos. Viveu sempre de forma calma e disciplinada e, embora nunca tivesse carecido de amigos e admiradores, por toda sua vida pareceu estar um pouco distante, como se tentasse abrandar a solidão de sua infância, retraindo-se para dentro de um mundo que há muito ela havia construído para si mesma. Mãe de duas crianças, casou-se pela segunda vez após o suicídio de seu primeiro marido.

Iniciou sua carreira como simbolista e, desse estilo, conservou o sentido da natureza hermética dos pensamentos e emoções. Apresentando profundo respeito pelas palavras, as quais eram escolhidas cuidadosamente de modo a transmitir sutilezas, mistérios e musicalidade, sempre visava exprimi-las de modo delicado e, algumas vezes efêmero e, apesar de serem sempre precisas, nunca afiguraram-se de forma áspera. A esses atributos, ela algumas vezes adicionava formas modernistas mais livres e menos restritivas e, ainda, a sintaxe elíptica e truncada. Por vezes, seus pensamentos sugerem certa afinidade com filosofias orientais; em outras ocasiões, escolhe formas medievais portuguesas. Considerada como um dos principais e mais admiráveis poetas brasileiras, Cecília Meireles também escreveu literatura infantil e fundou a primeira biblioteca infantil do Brasil.

 # Cecília Meireles

(1901–1964)

Cecília Meireles, born in Rio de Janeiro, lost both parents by the time she was three years old. Raised by her Azorean grandmother, her life was quiet, orderly, and always proper. Although never lacking friends and admirers, she remained distant throughout her life, as if still seeking to assuage her childhood loneliness by withdrawing into the world she had fashioned for herself long ago. She bore and raised two children and remarried after her first husband committed suicide.

From her symbolist beginnings, she retained a sense of the hermetic nature of thoughts and emotions, as well as a profound respect for words. Chosen carefully, words could convey subtleties, shadings, and musicality. Meireles's words are always delicate, sometimes fleeting; they are never harsh, although often pointed. To these attributes she sometimes added the freer, less restrictive modernist forms and truncated or elliptical syntax. Her thoughts at times suggest a close affinity with Eastern philosophies; at others, medieval Portuguese balladry. Regarded as one of the finest of all Brazilian poets, Cecília Meireles also wrote children's literature and established the first children's library in Brazil.

Memória

Minha família anda longe,
com trajos de circunstância:
uns converteram-se em flores,
outros em pedra, água, líquen;
alguns, de tanta distância,
nem têm vestígios que indiquem
uma certa orientação.

Minha família anda longe,
—na Terra, na lua, em Marte—
uns dançando pelos ares,
outros perdidos no chão.

Tão longe, a minha família!
Tão dividida em pedaços!
Um pedaço em cada parte...
Pelas esquinas do tempo,
brincam meus irmãos antigos:
uns anjos, outros palhaços...
Seus vultos de labareda
rompem-se como retratos
feitos em papel de seda.
Vejo lábios, vejo braços,
—por um momento persigo-os;
de repente, os mais exatos
perdem sua exatidão.
Se falo, nada responde.
Depois, tudo vira vento,
e nem o meu pensamento
pode compreender por onde
passaram nem onde estão.

Memory

My family is so far away,
and clothed in circumstances are:
a few converted into flowers,
and others water, lichen, shells;
while some, because of distance far,
don't have even a trace that tells
what certain orientation's found.

My family is so far away,
—on Earth, upon the moon, in Mars—
a few are dancing through the air,
while some are lost upon the ground.

So far away, my family is!
And so divided into bits!
In every part a fragment's found . . .
Around the corridors of time,
they prance about my ancient brothers:
for some are angels, clowns are others . . .
The blazing forms their figures take
just like a photograph will break
that's made on tissue paper fine.
Now I see arms, and I see lips,
—and for a moment I pursue them;
when suddenly, the most exact
will loose th'exactness it had found.
If I should speak, nothing responds.
And later, all turns into wind,
not even my own thoughts pretend
to comprehend where they have been
or where they are if they're around.

Minha família anda longe.
Mas eu sei reconhecê-la:
um cílio dentro do oceano,
um pulso sobre uma estrela,
uma ruga num caminho
caída como pulseira,
um joelho em cima da espuma,
um movimento sozinho
aparecido na poeira . . .
Mas tudo vai sem nenhuma
noção de destino humano,
de humana recordação.

Minha família anda longe.
Reflete-se em minha vida,
mas não acontece nada:
por mais que eu esteja lembrada,
ela se faz de esquecida:
não há comunicação!
Uns são nuvem, outros, lesma . . .
Vejo as asas, sinto os passos
de meus anjos e palhaços,
numa ambígua trajetória
de que sou o espelho e a história.
Murmuro para mim mesma:
"É tudo imaginação!"

Mas sei que tudo é memória . . .

My family is so far away.
But I can spot them where they are:
an eyelash floating in the sea,
a pulse above a distant star,
a wrinkle in some path of stone
that's like a bracelet on the ground,
a knee that's poised on foamy lace,
a movement stirring all alone
appearing in a dusty mound . . .
But all things vanish without trace
no hint of human destiny,
nor human memory is found.

My family is so far away.
They're all reflected in my life,
but nothing happens in effect:
as much as I may recollect,
they act as though they don't recall:
we don't communicate at all!
For some are clouds, and others, slugs . . .
I sense the footsteps, see the wings
of all my angels, clowns and things,
ambiguous trajectory
of which I'm mirror and history.
I murmur to myself with shrugs:
"It's all imagined sight and sound!"

But I know it's all memory . . .

Motivo

Eu canto porque o instante existe
e a minha vida está completa.
Não sou alegre nem sou triste:
sou poeta.

Irmão das coisas fugidias,
não sinto gozo nem tormento.
Atravesso noites e dias
no vento.

Se desmorono ou se edifico,
se permaneço ou me desfaço,
—não sei, não sei. Não sei se fico
ou passo.

Sei que canto. E a canção é tudo.
Tem sangue eterno a asa ritmada.
E um dia sei que estarei mudo:
—mais nada.

Motive

I sing because the moment's there
my life's complete and I must show it.
I'm neither glad nor filled with care:
I am a poet.

A brother to what flees away,
I don't feel pain nor joyous ease.
I pass throughout the night and day
upon the breeze.

If I collapse or growth sustain,
if I'm to break apart or stay,
—don't know. Don't know if I'll remain
or pass away.

I sing. And songs are everything.
Eternal blood's in metered wing.
One day I know I'll silent fall:
—and that is all.

Timidez

Basta-me um pequeno gesto,
feito de longe e de leve,
para que venhas comigo
e eu para sempre te leve . . .

—mas só esse eu não farei.

Uma palavra caída
das montanhas dos instantes
desmancha todos os mares
e une as terras mais distantes . . .

—palavra que não direi.

Para que tu me adivinhes,
entre os ventos taciturnos,
apago meus pensamentos,
ponho vestidos noturnos,

—que amargamente inventei.

E, enquanto não me descobres,
os mundos vão navegando
nos ares certos do tempo,
até não se sabe quando . . .

—e um dia me acabarei.

Timidity

All it would take is one small gesture,
from far away and very slight,
for you to come and be with me
and I'd forever hold you tight . . .

—but even that I'll not convey.

A simple word which might be dropped
from off the mountains of an instant
would then demolish all the seas
and join together lands so distant . . .

—a word I shall not ever say.

And that you may divine my presence,
among the winds so taciturnal,
I now extinguish all my thoughts,
and also don a dress nocturnal,

—which bitterly I made that way.

And, while you've not discovered me,
the worlds will still then navigate
through time's precise and certain airs,
until who knows how long their fate . . .

—and I will disappear one day.

O tempo no jardim

Nestes jardins—há vinte anos—andaram os nossos muitos passos,
e aqueles que então éramos se contemplaram nestes lagos.

Se algum de nós avistasse o que seríamos com o tempo,
todos nós choraríamos, de mútua pena e susto imenso.

E assim nos separamos, suspirando dias futuros,
e nenhum se atrevia a desvelar seus próprios mundos.

E agora que separados vivemos o que foi vivido,
com doce amor choramos quem fomos nesse tempo antigo.

Time in the Garden

Within these gardens—twenty years ago—our many footsteps walked,
and they who we once were would see themselves reflected in these lakes.

If one of us had but foreseen what we'd become in time,
from mutual sorrow and immense alarm, we would have cried.

And thus, while we were sighing future days, we soon were parted,
for to unveil his private worlds we neither of us dared.

And now that we both live apart what has been lived alone,
with tender love we cry for those we were so long ago.

Elegia

Perto da tua sepultura,
trazida pelo humilde sonho
que fez a minha desventura,
mal minhas mãos na terra ponho,
logo estranhamente as retiro.
Neste limiar de indiferença,
não posso abrir a tênue rosa
do mais espiritual suspiro.
Jazes com a estranha, a muda, a imensa
Amada eterna e tenebrosa,
pelas tuas mãos escolhida
para teu convívio absoluto.
Por isso me retraio, certa
de que é pura felicidade
a terra densa que te aperta.
E por entre as pedras serenas
desliza o meu tímido luto,
com uma quieta lágrima, apenas,
—esse humano, doce atributo.

Elegy

Close to the tomb which you desired,
and drawn here by the humble dreams
which my misfortune has inspired,
my hands but touch the earth it seems,
and strangely I draw back again.
Upon this threshold of indifference,
the tenuous rose I can't unfold
of this most spiritual sigh of men.
You lie within the strange, immense
eternal, silent Lover's hold,
which by your hand alone was chosen
to be your partner absolute.
That's why I leave, and certain too
that it's pure joy and happiness
the deep earth which is gripping you.
And thus around the tranquil stone
my timid grief slides resolute,
with but one silent tear, alone,
—that human, tender attribute.

❦ Carlos Drummond de Andrade

(1902–1987)

Carlos Drummond de Andrade nasceu na pequena cidade de Itabira, em Minas Gerais. Fora um poeta sensato e maduro, que expressava seus pensamentos com clareza e escolhia as palavras com muita precisão. Diferentemente de muitos de seus compatriotas, ele não era sentimental, excessivamente autobiográfico ou escapista, mas sim, era intelectual, tímido e totalmente imerso no mundo presente. Um sensível ser humano e escritor comprometido, este poeta maior dentre os modernistas, desejava ardentemente um mundo melhor, porém, seu idealismo era temperado com um tom de pessimismo realista. Na sua opinião, o que dava sentido à vida era o amor, todavia, algumas vezes, nem mesmo este era o bastante. Um modelo de dignidade poética, Carlos Drummond de Andrade elevou a ironia, o humor sarcástico, e a linguagem coloquial aos mais altos níveis da expressão literária.

❧ Carlos Drummond de Andrade

(1902–1987)

Carlos Drummond de Andrade was born in the little interior town of Itabira, Minas Gerais. He was a sober, mature poet who expressed his thoughts clearly, choosing his words with great precision. Unlike many of his compatriots, he was not sentimental, overly autobiographical, or escapist. He was, on the other hand, intellectual, shy, and totally immersed in the present world.

A sensitive human being and a committed writer, this leading modernist poet longed for a better world, but his idealism was tempered by the realist's pessimistic tone. He found that what gives meaning to life is love, but sometimes even that is not enough. A model of poetic dignity, Carlos Drummond de Andrade raised irony, wry humor, and colloquial speech to the very highest literary levels.

Poema de sete faces

Quando nasci, um anjo torto
desses que vivem na sombra
disse: Vai, Carlos! ser *gauche* na vida.

As casas espiam os homens
que correm atrás de mulheres.
A tarde talvez fosse azul,
não houvesse tantos desejos.

O bonde passa cheio de pernas:
pernas brancas pretas amarelas.
Para que tanta perna, meu Deus, pergunta meu coração.
Porém meus olhos
não perguntam nada.

O homem atrás do bigode
é sério, simples e forte.
Quase não conversa.
Tem poucos, raros amigos
o homem atrás dos óculos e do bigode.

Meu Deus, por que me abandonaste
se sabias que eu não era Deus
se sabias que eu era fraco.

Mundo mundo vasto mundo,
se eu me chamasse Raimundo
seria uma rima, não seria uma solução.
Mundo mundo vasto mundo,
mais vasto é meu coração.

Eu não devia te dizer
mas essa lua
mas esse conhaque
botam a gente comovido como o diabo.

Poem of Seven Faces

When I was born, a crooked angel
of the kind that live in shadows
said: Go, Carlos! be *gauche* in life.

The houses spy on men
who chase after women.
The evening perhaps would be perfect,
if there weren't so many desires.

The streetcar passes full of legs:
white legs black yellow.
Why so many legs, dear God, asks my heart.
But my eyes
don't question a thing.

The man behind the mustache
is serious, uncomplicated and strong.
He almost never converses.
He has few, very few friends
the man behind the glasses and the mustache.

My God, why have you abandoned me
if you knew I wasn't God
if you knew I was weak.

Wide world wide world world so wide,
if my name were Raymond McBride
it would be a rhyme, it wouldn't be a solution though.
Wide world wide world world so wide,
my heart is much wider I know.

I shouldn't be telling you
but that moon
but that cognac
make one as emotional as the devil.

Mãos dadas

Não serei o poeta de um mundo caduco.
Também não cantarei o mundo futuro.
Estou preso à vida e olho meus companheiros.
Estão taciturnos mas nutrem grandes esperanças.
Entre eles, considero a enorme realidade.
O presente é tão grande, não nos afastemos.
Não nos afastemos muito, vamos de mãos dadas.

Não serei o cantor de uma mulher, de uma história,
não direi os suspiros ao anoitecer, a paisagem vista da janela,
não distribuirei entorpecentes ou cartas de suicida,
não fugirei para as ilhas nem serei raptado por serafins.
O tempo é a minha matéria, o tempo presente, os homens presentes,
a vida presente.

Hand in Hand

I won't be the poet of a senile world.
I also won't sing the future world.
I'm chained to life and look upon my companions.
They're taciturn but nurture great hopes.
Among them, I consider the enormity of reality.
The present is so great, let's not withdraw.
Let's not withdraw very much, let's go hand in hand.

I won't be the singer of a woman, of a story,
I won't recount sighs at evening, the landscape seen from the window,
I won't distribute sedatives or suicide notes,
I won't escape to the islands nor will I be kidnapped by seraphim.
Time is my subject, the present time, the present men,
the present life.

José

E agora, José?
A festa acabou,
a luz apagou,
o povo sumiu,
a noite esfriou,
e agora, José?
e agora, você?
você que é sem nome,
que zomba dos outros,
você que faz versos,
que ama, protesta?
e agora, José?

Está sem mulher,
está sem discurso,
está sem carinho,
já não pode beber,
já não pode fumar,
cuspir já não pode,
a noite esfriou,
o dia não veio,
o bonde não veio,
o riso não veio,
não veio a utopia
e tudo acabou
e tudo fugiu
e tudo mofou,
e agora, José?

E agora, José?
sua doce palavra,
seu instante de febre,
sua gula e jejum,
sua biblioteca,

sua lavra de ouro,
seu terno de vidro,
sua incoerência,
seu ódio—e agora?

Com a chave na mão
quer abrir a porta,
não existe porta;
quer morrer no mar,
mas o mar secou;
quer ir para Minas,
Minas não há mais.
José, e agora?

Se você gritasse,
se você gemesse,
se você tocasse
a valsa vienense,
se você dormisse,
se você cansasse,
se você morresse . . .
Mas você não morre,
você é duro, José!

Sozinho no escuro
qual bicho-do-mato,
sem teogonia,
sem parede nua
para se encostar,
sem cavalo preto
que fuja a galope,
você marcha, José!
José, para onde?

José

And now what, José?
The party is done,
the light has turned off,
the people have gone,
the night has cooled off,
and now what, José?
and now what, my friend?
you there with no name,
who pokes fun at others,
composes in verse,
who loves, who protests?
and now what, José?

You're lacking a woman,
you're lacking in speech,
you're lacking in love,
you can no longer drink,
you can no longer smoke,
can't spit any longer,
the night has cooled off,
the day hasn't come,
the tram hasn't come,
the smile didn't come,
utopia's not come
and everything stopped
and everything fled
and everything mildewed,
and now what, José?

And now what, José?
your honey-dipped word,
your instant of fever,
your gluttony and fast,
your library books,

your golden creations,
your suit made of glass,
your disjoined speech,
your hate—so now what?

With the key in hand
he wants to open the door,
the door does not exist;
he wants to die at sea,
but the sea has dried;
he wants to go to Minas,
Minas is no more.
José, now what?

If you were to scream,
if you were to sigh,
if you were to play
the Viennese waltz,
if you were to sleep,
if you were to tire,
if you were to die . . .
But you'd never die,
you're too tough, José!

Alone in the dark
like a beast in the wild,
without a theogony,
with no naked wall
on which you can lean,
without a black horse
to escape at a gallop,
you march, José, onward!
José, where are you going?

Sentimental

Ponho-me a escrever teu nome
com letras de macarrão.
No prato, a sopa esfria, cheia de escamas
e debruçados na mesa todos contemplam
esse romântico trabalho.

Desgraçadamente falta uma letra,
uma letra somente
para acabar teu nome!

—Está sonhando? Olhe que a sopa esfria!

Eu estava sonhando . . .
E há em todas as consciências um cartaz amarelo:
"Neste país é proibido sonhar."

Sentimental

I begin spelling out your name
with macaroni letters.
The soup in my bowl's getting cold, full of scummy scales
and while leaning on the table, everyone's observing
this romantic project.

Unfortunately a letter is missing,
only one letter
to complete your name!

—Are you dreaming? Your soup's getting cold!

I was dreaming . . .
And in every conscience there's a yellow sign:
"It's against the law to dream in this country."

Cota zero

Stop.
A vida parou
ou foi o automóvel?

Zero Quota

Stop.
Life came to a halt
or was it the automobile?

Sociedade

O homem disse para o amigo:
—Breve irei a tua casa
e levarei minha mulher.

O amigo enfeitou a casa
e quando o homem chegou com a mulher,
soltou uma dúzia de foguetes.

O homem comeu e bebeu.
A mulher bebeu e cantou.
Os dois dançaram.
O amigo estava muito satisfeito.

Quando foi hora de sair,
o amigo disse para o homem:
—Breve irei a tua casa.
E apertou a mão dos dois.

No caminho o homem resmunga:
—Ora essa, era o que faltava.
E a mulher ajunta:—Que idiota.

—A casa é um ninho de pulgas.
—Reparaste o bife queimado?
O piano ruim e a comida pouca.

E todas as quinta-feiras
eles voltam à casa do amigo
que ainda não pode retribuir a visita.

Society

The man said to his friend:
—Soon I'll come to your home
and I'll bring my wife.

The friend adorned his house
and when the man arrived with his wife,
he lit a dozen firecrackers.

The man ate and drank.
The wife drank and sang.
They both danced.
The friend was very pleased.

When it was time to leave,
the friend said to the man:
—Soon I'll come to your home.
And he squeezed both their hands.

On the way home the man murmurs:
—Drat, that's all we needed.
And the wife adds:—What an idiot.

—The house is infested with fleas.
—Did you notice the burned steak?
The terrible piano and too little food.

And every Thursday
they return to their friend's home
who as yet is unable to reciprocate the visit.

❦ Vinícius de Moraes

(1913–1980)

Vinícius de Moraes, um dos mais populares e amados poetas do Brasil, nasceu no Rio de Janeiro. Indivíduo multifacetado, graduo-se em direito na sua cidade natal, estudou literatura inglesa na Universidade de Oxford, tornou-se um importante connoisseur e crítico cinematográfico, e desfrutou de uma carreira no corpo diplomático de seu país, servindo nos Estados Unidos, França e Uruguai. Também escreveu para jornais, editou um importante suplemento literário, publicou diversos livros de poesia, teatro, e crônicas, e em 1959 recebeu um Oscar pelo roteiro do filme "Orfeu negro", baseado em uma de suas montagens teatrais. Naqueles anos, ele era considerado o epítome do playboy urbano, sofisticado e internacional.

Sua poesia reflete seus vastos interesses e experiências. Às vezes, os tons e temas utilizados por Vinícius são sérios, elevados, socialmente comprometidos e preocupados com a religião e com as questões importantes da vida. Outras vezes é humorístico e banal. Embora tenha adotado o estilo modernista de utilização do verso livre, o poeta também fez uso de formas clássicas, particularmente do soneto, através do qual tornou-se muito respeitado. Aqui o poeta exprime-se de forma desavergonhadamente passional e sentimental, especialmente quando retrata seus temas preferidos: o Rio de Janeiro, a mulher e o amor.

Alguns críticos desprezaram o fato de Vinícius ter, no início da década de 60, concentrado seus talentos literários na composição de letras para canções. Porém, estas ajudaram a revitalizar a música popular brasileira. Trabalhou junto com diversos compositores da Bossa Nova, mas seus maiores sucessos foram alcançados com a parceria de Antônio Carlos Jobim, com quem compôs "Garota de Ipanema", canção popularmente conhecida em todo o mundo. Se a escolha pela composição de canções fora uma direção errônea ou não, o que importa é que Vinícius de Moraes, até hoje, é considerado um importante poeta que enalteceu especialmente as belezas do Rio de Janeiro e de seu amado Brasil.

❧ Vinícius de Moraes

(1913–1980)

Vinícius de Moraes, one of the most popular and beloved poets of Brazil, was born in Rio de Janeiro. A multifaceted individual, he obtained a law degree in Rio de Janeiro, studied English literature at Oxford University, became an important movie connoisseur and critic, and enjoyed a career in his country's diplomatic corps, serving in the United States, France, and Uruguay. He also wrote for newspapers, edited an important literary supplement, published several volumes of prize-winning poetry, plays, and *crônicas* (newspaper columns) and in 1959 was awarded an Oscar for the screenplay of the movie *Black Orpheus,* which was based on one of his plays. In those years, he was regarded as the epitome of the urbane, sophisticated, international playboy.

His poetry reflects his varied interests and vast experiences at home and abroad. At times his themes and his tone are serious, elevated, socially committed, and concerned about religion and the more weighty matters of life. At other times, his tone is playful and even silly. Although he adopted the modernist use of free verse, together with its penchant for humor and sarcasm, he also cultivated classical forms, in particular the sonnet for which he is justifiably highly regarded. But rather than remain aesthetically detached, he is unabashedly passionate and sentimental, especially when portraying his favorite subjects: Rio de Janeiro, women, and love.

Some critics have disdained the fact that after the early 1960s he concentrated all of his literary talents on writing song lyrics, which helped to revitalize popular Brazilian music. He teamed up with several composers of the new Bossa Nova style, but with none was he more successful than with Antônio Carlos Jobim, with whom he wrote "Garota de Ipanema" (The Girl from Ipanema), which became popular the world over. Whether writing song lyrics was a step down or not, Vinícius de Moraes remains an important poet who loved Brazil, especially Rio de Janeiro, and extolled the beauties of both.

O falso mendigo

Minha mãe, manda comprar um quilo de papel almaço na venda
Quero fazer uma poesia.
Diz a Amélia para preparar um refresco bem gelado
E me trazer muito devagarinho.
Não corram, não falem, fechem todas as portas a chave
Quero fazer uma poesia.
Se me telefonarem, só estou para Maria
Se for o Ministro, só recebo amanhã
Se for um trote, me chama depressa
Tenho um tédio enorme da vida.
Diz a Amélia para procurar a Patética no rádio
Se houver um grande desastre vem logo contar
Se o aneurisma de dona Ângela arrebentar, me avisa
Tenho um tédio enorme da vida.
Liga para a vovó nenen, pede a ela uma idéia bem inocente
Quero fazer uma grande poesia.
Quando meu pai chegar tragam-me logo os jornais da tarde
Se eu dormir, pelo amor de Deus, me acordem
Não quero perder nada na vida.
Fizeram bicos de rouxinol para o meu jantar?
Puseram no lugar meu cachimbo e meus poetas?
Tenho um tédio enorme da vida.
Minha mãe estou com vontade de chorar
Estou com taquicardia, me dá um remédio
Não, antes me deixa morrer, quero morrer, a vida
Já não me diz mais nada
Tenho horror da vida, quero fazer a maior poesia do mundo
Quero morrer imediatamente.
Ah, pensa uma coisa, minha mãe, para distrair teu filho
Teu falso, teu miserável, teu sórdido filho
Que estala em força, sacrifício, violência, devotamento
Que podia britar pedra alegremente
Ser negociante cantando
Fazer advocacia com o sorriso exato
Se com isso não perdesse o que por fatalidade de amor
Sabe ser o melhor, o mais doce e o mais eterno da tua puríssima carícia.

The False Beggar

Dear mother, send out to buy a kilo of legal-size paper at the store
I want to write a poem.
Tell Amelia to prepare a really cold soft drink
And bring it to me slowly.
Don't run, don't speak, lock all the doors
I want to write a poem.
If they call me on the telephone, I'm only here for Mary
If it's the Minister, I'll only receive visits tomorrow
If it's a crank call, then call me quickly
I'm really bored with life.
Tell Amelia to find the *Pathetique* on the radio
If there's been a big disaster come quick and tell me about it
If the aneurysm of Missus Angela bursts, let me know
I'm really bored with life.
Call grandma "nenen" on the phone, ask her for a very innocent idea
I want to write a great poem.
When my dad arrives bring me the evening papers quickly
If I should fall asleep, for Heaven's sake, wake me up
I don't want to miss a bit of life.
Did you make blackbird pie for my dinner?
Did you set out my pipe and my poets?
I'm really bored with life.
Dear mother I feel like crying
I've got tachycardia, give me some medicine
No, let me die instead, I want to die, life
Means nothing to me anymore
I loathe life, I want to write the greatest poem in the world
I want to die immediately.
Oh, think of something, mother, to entertain your son
Your false, your miserable, your sordid son
Who shatters from force, sacrifice, violence, devotion
Who could crush rocks cheerfully
Be a singing businessman
Practice law with an exacting smile
If with these he wouldn't lose what by the fate of love
He knows to be the best, the sweetest and the most eternal of your purest caress.

Soneto de fidelidade

De tudo, ao meu amor serei atento
Antes, e com tal zelo, e sempre, e tanto
Que mesmo em face do maior encanto
Dele se encante mais meu pensamento.

Quero vivê-lo em cada vão momento
E em seu louvor hei de espalhar meu canto
E rir meu riso e derramar meu pranto
Ao seu pesar ou seu contentamento.

E assim, quando mais tarde me procure
Quem sabe a morte, angústia de quem vive
Quem sabe a solidão, fim de quem ama

Eu possa me dizer do amor (que tive):
Que não seja imortal, posto que é chama
Mas que seja infinito enquanto dure.

Sonnet of Fidelity

Of all, unto my love I'll be most kind
And always, and so much and with such zeal
Though I may face enchantments that appeal
My love's still more enchanting to my mind.

I want to live my love each idle second
And in love's service spread abroad my song
I'll laugh my laugh and cry when things go wrong
And praise its joys or sorrows as they've beckoned.

Thus, later when I'm sought as time ensures
Perhaps by death, the anguish of all living
Perhaps by solitude, when it's good-bye

Then may I say of love (I've had) worth giving:
Though not immortal, since the flame can die
Let it be infinite while it endures.

A um passarinho

Para que vieste
Na minha janela
Meter o nariz?
Se foi por um verso
Não sou mais poeta
Ando tão feliz!
Se é para uma prosa
Não sou Anchieta
Nem venho de Assis.

Deixa-te de histórias
Some-te daqui!

To a Little Bird

Why did you appear
At my windowsill
Nosy, mere caprice?
If it's for a verse
I'm no longer a poet
I feel joy and peace!
If it's for some prose
I am not Anchieta
Nor come from Assis.

Now quit telling tales
And get out of here!

A rosa de Hiroshima

Pensem nas crianças
Mudas telepáticas
Pensem nas meninas
Cegas inexatas
Pensem nas mulheres
Rotas alteradas
Pensem nas feridas
Como rosas cálidas
Mas oh não se esqueçam
Da rosa da rosa
Da rosa de Hiroshima
A rosa hereditária
A rosa radioativa
Estúpida e inválida
A rosa com cirrose
A anti-rosa atômica
Sem cor sem perfume
Sem rosa sem nada.

The Rose of Hiroshima

Think about the children
Dumb and telepathic
Think of little girls
Blind and inexact
Think about the women
Broken bruised and altered
Think about the wounds
Like a burning rose
But do not forget
The rose the rosy rose
The rose of Hiroshima
The rose hereditary
The radioactive rose
So stupid and disabled
The rose with a cirrhosis
The anti-rose atomic
Without perfume or color
Without a rose with nothing.

❦ João Cabral de Melo Neto

(1920–1999)

João Cabral de Melo Neto, nascido no Recife, Pernambuco, é considerado o principal poeta da chamada geração de 1945. Admitido no corpo diplomático brasileiro, serviu seu país em Barcelona, Londres, Sevilha, Marselha, Madri, Geneva e Bern, dentre outros. Quando inicialmente designado para Barcelona, adquiriu uma tipografia artesanal e publicou não apenas seus próprios trabalhos, mas também de muitos poetas brasileiros e espanhóis.

A poesia de João Cabral de Melo Neto esquiva-se da expressão sentimental e as palavras por ele utilizadas são cuidadosamente escolhidas e organizadas, sendo seus significados e metáforas expostos de modo claro, conciso e intelectual. Incluindo, ainda, em suas obras, o tema sertanejo, seu poema "Morte e vida severina", posteriormente adaptado para o teatro, é considerado uma obra-prima da literatura brasileira.

❦ João Cabral de Melo Neto

(1920–1999)

João Cabral de Melo Neto is recognized as the leading poet of the so-called generation of 1945. Born in Recife, the capital of Pernambuco, he entered the diplomatic corps early, serving, among other places, in Barcelona, London, Seville, Marseilles, Madrid, Geneva, and Bern. When first assigned to Barcelona, he bought a press and published not only his own works but those of many Spanish and Brazilian writers as well.

In his poetry, Cabral eschews sentimental expression; he esteems words, however: their arrangement, their meaning, and he writes metaphorically in a clear, concise, intellectual manner. He also includes the *sertanejo* (backwoodsman) and his plight in the corpus of his work. "Morte e Vida Severina," a long poem, later adapted to the stage, is considered a masterpiece.

O engenheiro

A luz, o sol, o ar livre
envolvem o sonho do engenheiro.
O engenheiro sonha coisas claras:
superfícies, tênis, um copo de água.

O lápis, o esquadro, o papel;
o desenho, o projeto, o número:
o engenheiro pensa o mundo justo,
mundo que nenhum véu encobre.

(Em certas tardes nós subíamos
ao edifício. A cidade diária,
como um jornal que todos liam,
ganhava um pulmão de cimento e vidro).

A água, o vento, a claridade,
de um lado o rio, no alto as nuvens,
situavam na natureza o edifício
crescendo de suas forças simples.

The Engineer

Light, sunshine, the open air
fill the engineer's dreams.
The engineer dreams clear-cut things:
surfaces, tennis, a glass of water.

Pencil, T square, paper;
blueprints, projects, numbers:
the engineer thinks a just world,
a world which no veil covers.

(Some afternoons we would climb to the top
of the building. The daily city,
like a newspaper read by all,
was receiving a lung of cement and glass.)

Water, wind, brightness,
on one side the river, clouds above,
placed the building in nature
growing by its simple strength.

Psicologia da composição

I

Saio de meu poema
como quem lava as mãos.

Algumas conchas tornaram-se,
que o sol da atenção
cristalizou; alguma palavra
que desabrochei, como a um pássaro.

Talvez alguma concha
dessas (ou pássaro) lembre,
côncava, o corpo do gesto
extinto que o ar já preencheu;

talvez, como a camisa
vazia, que despi.

Psychology of Composition

I

I emerge from my poem
as one would wash his hands.

Some shells became,
which the sun of attention
crystallized; some word
which I unfolded, as I would a bird.

Perhaps some shell
of those (or bird) may recall,
concave, the body of the extinct
gesture which the air has already filled;

perhaps, like the shirt
now empty, which I've doffed.

II

Esta folha branca
me proscreve o sonho,
me incita ao verso
nítido e preciso.

Eu me refugio
nesta praia pura
onde nada existe
em que a noite pouse.

Como não há noite
cessa toda fonte;
como não há fonte
cessa toda fuga;

como não há fuga
nada lembra o fluir
de meu tempo, ao vento
que nele sopra o tempo.

II

This white sheet of paper
proscribes all my dreaming,
urges me to write
verse precise and clear.

I take refuge here
in this pure clean beach
where nothing exists
on which night may rest.

Since there is no night
all the fountains cease;
since there is no fountain
all escape has ceased;

since there is no flight
nothing tells the flowing
of my time, to the wind
that in it blows time.

Morte e vida severina

(seleção)

—O meu nome é Severino,
não tenho outro de pia.
Como há muitos Severinos,
que é santo de romaria,
deram então de me chamar
Severino de Maria;
como há muitos Severinos
com mães chamadas Maria,
fiquei sendo o da Maria
do finado Zacarias.
Mas isso ainda diz pouco:
há muitos na freguesia,
por causa de um coronel
que se chamou Zacarias
e que foi o mais antigo
senhor desta sesmaria.
Como então dizer quem fala
ora a Vossas Senhorias?
Vejamos: é o Severino
da Maria do Zacarias,
lá da serra da Costela,
limites da Paraíba.
Mas isso ainda diz pouco:
se ao menos mais cinco havia
com nome de Severino
filhos de tantas Marias
mulheres de outros tantos,
já finados, Zacarias,
vivendo na mesma serra
magra e ossuda em que eu vivia.

Somos muitos Severinos
iguais em tudo na vida:

na mesma cabeça grande
que a custo é que se equilibra,
no mesmo ventre crescido
sobre as mesmas pernas finas,
e iguais também porque o sangue
que usamos tem pouca tinta.
E se somos Severinos
iguais em tudo na vida,
morremos de morte igual,
mesma morte severina:
que é a morte de que se morre
de velhice antes dos trinta,
de emboscada antes dos vinte,
de fome um pouco por dia
(de fraqueza e de doença
é que a morte severina
ataca em qualquer idade,
e até gente não nascida).
Somos muitos Severinos
iguais em tudo e na sina:
a de abrandar estas pedras
suando-se muito em cima,
a de tentar despertar
terra sempre mais extinta,
a de querer arrancar
algum roçado da cinza.
Mas, para que me conheçam
melhor Vossas Senhorias
e melhor possam seguir
a história de minha vida,
passo a ser o Severino
que em vossa presença emigra.

Severine Death and Life

(selection)

—My name is Severino,
I've no other Christian name.
Since there's lots of Severinos,
who's the pilgrims' patron saint,
they decided they would call me
Severino of Maria;
since there's lots of Severinos
who have mothers named Maria,
I became son of Maria
widow of late Zacariah.
But that still says very little:
there are many in this parish,
all because there was a colonel
who was christened Zacariah
and who was the first *senhor*
to have settled in this region.
How then can I say who's speaking
to you Gentlemen and Ladies?
Well let's see: it's Severino
of Maria's Zacariah,
from the Sierra of Costela,
farthest parts of Paraíba.
But that still says very little:
since there were at least five others
with the name of Severino
likewise all sons of Marias
wives of just as many other,
late departed, Zacariahs,
living on the very mountains
sparse and craggy where I lived.

We are many Severinos
each alike our lives the same:

all of us with heads too large
which are difficult to balance,
on our common swollen bellies
perched upon the same thin legs,
and alike because the blood
which we use has little tint.
And if we are Severinos
each alike his life the same,
then in death shall we be equal,
same harsh death that's severine:
which is death of those who die
of old age before they're thirty,
in an ambush under twenty,
and from hunger day by day
(and from weakness and disease
for this harsh death severine
strikes alike both young and old,
even those as yet unborn).
We are many Severinos
each alike our fate's the same:
that of softening these stones
pouring sweat all over them,
that of trying to revive
land that's dying more each day,
wanting desperately to wrest
some few acres from the ash.
But, so you can know me better
honored Gentlemen and Ladies
and more easily may follow
this the story of my life,
I will be the Severino
who will emigrate before you.

❤ José Chagas

(1924–)

José Chagas nasceu em Santana dos Garrotes, Paraíba, mas reside em São Luís, Maranhão desde 1948, onde por muitos anos trabalhou como redator de uma crônica para o mais importante jornal dessa capital. Escritor prolífico, compôs com bom êxito em uma grande variedade de formas literárias, desde o soneto clássico até o verso livre. Este poeta, todavia, apresenta afeição especial pela balada tradicional, com suas quadras ou versos de quatro linhas, muito populares na Idade Média.

Naquela época, a balada medieval era utilizada não apenas para narrar contos de presteza e honra, mas também para divulgar informações entre os cidadãos. Essa forma artística de composição vem se extinguindo em muitas partes do Brasil, porém, na região Nordeste, ainda existem trovadores que se desafiam publicamente, apresentando suas façanhas sob a forma de versos alternados e improvisados. Pequenas tipografias artesanais ainda publicam esses impressos populares, amplamente conhecidos como "literatura de cordel", que recebem essa denominação por serem expostos pendurados em um fio de barbante e vendidos em mercados públicos e feiras livres.

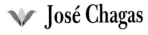 José Chagas

(1924–)

José Chagas was born in Santana dos Garrotes, Paraíba, but has since 1948 been a resident of São Luís, Maranhão, where for years he has written an important newspaper column of commentaries in the leading dailies of the capital of the state. A prolific writer, he has cultivated and succeeded with a variety of literary forms, from the classical sonnet to free verse, but with special affection for the traditional ballad with its *quadra* or four-line verse, popular since the Middle Ages.

In those days, the medieval ballad was used, not only to recount tales of valor and distinction, but to bring news of the day to the citizenry. It is an art form that is dying out in many areas in Brazil. But in the Northeast, there are still troubadours who will challenge one another in a public display of their prowess with alternating, improvised verses. There are still small presses that will publish these popular pieces, known collectively as *literatura de cordel,* or literature on a string, so named because the inexpensive chapbooks are draped over a string and displayed for sale at markets and fairs.

Soneto para a que chega

Quem canta esta canção, canção que embala,
dentro em meu peito, uma ilusão menina?
Quem foi que assim me arrebatou a fala,
para um silêncio que não se imagina?

E esta mão que me vem tão cor de opala,
que me adormenta a uma carícia fina,
por que se tento, lúbrico, tocá-la,
esta mão se dilui, se faz neblina?

Quem, por ventura, me supõe criança,
me inocenta do mundo e não se cansa
de trazer para mim cantiga e afago?

Quem chega às vezes tão fugaz, tão pura,
que só de ouvi-la pela noite escura,
faço-me luz e como luz me apago?

Sonnet for She Who Comes

Who sings this song, a lullaby that stirred,
within my breast, young girl, illusions strong?
Who stole my speech and thrust me forth headlong,
to unimagined silence never heard?

About this opal-colored hand drawn here,
which soothes my sleeping hour caressing me,
why when I try to touch it, ardently,
does it turn mist, dissolve and disappear?

And who, a child supposing me to be,
protects me from the world, nor wearies she
of pleasing me and singing songs of joy?

Who comes at times so fleeting, pure and coy,
just hearing her the dark nights are distinguished,
I'm turned to light and like the light extinguished?

Viagem sem ida

Que é que adiantam novas paisagens
se os olhos também delas se cansam?

A melhor viagem mesmo é a de quem fica.

Journey without Leaving

What does it profit one to see new landscapes
if soon one's eyes will also weary of them?

Who journeys best is he who stays at home.

Palavras para mamãe

Eu desejaria ser eu
Eu como imaginas que eu seja
Como nunca podes ver de outro modo
Mesmo que eu esteja cheio de mim, fora de mim ou abaixo de mim
Com a alma em todas as posições que não são as do agrado de Deus

Eu queria ser eu
Eu uniformemente eu
Integral como me trazes sempre através dos anos

Eu o que pensas
O que sonhas
O que sabes

Eu o que dizes aos outros quando estou longe de ti
O que mora em teus lábios como palavra de prece
O que não é só um pouco de ti
Porque é tu mesma
Porque é todo tu

Eu queria ser eu
Em mim
Como fui em ti
Como sou em ti
Como serei em ti

Mas só, tu, ó sempre mãe, sabes o milagre de manter intacta
A sempre criança que vês em mim

E eu não serei eu
Eu como imaginas que eu seja
Como nunca podes ver de outro modo

Porque cada vez mais estou dentro do mundo
Porque cada vez mais me faço do mundo
Enquanto envelheces com a minha infância nos olhos

Words for Mother

I would desire to be me
The me whom you imagine me to be
Like you can never see in any other way
Even should I be full of myself, beside myself or beneath myself
With my soul in every position not to the liking of God

I would like to be me
Me uniformly me
Integral the way you always carry me throughout the years

The one you think me
The one you dream
The one you know

The me you tell others about when I'm far away from you
The one who lives on your lips like the words of a prayer
The one who is not just a little part of you
Because it is you yourself
Because it is all you

I would like to be me
In me
Like I was in you
Like I am in you
Like I'll be in you

But only, you, oh always mother, know the miracle of keeping intact
The always child you see in me

And I'll not be me
The me you imagine me to be
Like you never can see in any other way

Because more and more I'm enmeshed in the world
Because more and more I become a part of the world
While you grow old with my infancy in your eyes

José Chagas — 335

Chão de Sousândrade
(Parte Cinco)

Não se vira antes
um poeta assim,
com asas errantes
para um vôo sem fim,

para um ir acima
do que outro fora,
no quanto o anima
sua alma pastora.

Não se vira antes
um poeta sonhar,
sob esses mirantes,
tanto bem-estar.

Um poeta que abrira
sobre lastro novo
uma nova lira
sem acesso ao povo,

porque realmente
seu tempo de apuro
não era o presente,
mas só o futuro.

Um poeta que, fora
do tempo e do espaço,
sonhou outra aurora
para um mundo baço,

como um hierofante
que viveu a esmo,
por se ver adiante
até de si mesmo.

Sonhou o melhor
para São Luís,
buscando em redor
a paz que ele quis.

Mas viu que ninguém
podia entendê-lo,
que ele estava além
do seu próprio zelo.

Sousândrade era
sem poder ter sido
cantor da quimera
do seu próprio olvido.

Atirou-se ao mundo
e ao Guesa se deu,
no andar vagabundo
do destino seu.

Andou até onde
tinha ele de andar,
como quem se esconde
de ser ou de estar.

Land of Sousândrade

(Part Five)

No one had ever seen
a poet quite like him,
a wanderer with wings
to fly the endless rim,

for one to reach beyond
another person's goal,
sustained and nurtured by
his simple shepherd's soul.

No one had ever seen
a poet dream such dreams,
beneath those lookout points,
goodwill is what it seems.

A poet who had opened
upon a bedrock strong
a new poetic lyric
not open to the throng,

the time to understand him,
and truly this was said,
would not be in the present,
but future days instead.

A poet who remained
outside both time and space,
began to dream a world
much better than this place,

just like a hierophant
who lived a wandering life,
because he saw beyond
his day of grief and strife.

He dreamed the very best
for the city of São Luís,
seeking close at hand
to find a life of peace.

He soon became aware
no one had read his book,
for he had gone with zeal
beyond where others look.

Sousândrade became
not wishing to have been
a singer of chimera
forgotten like most men.

He traveled 'round the world
wrote his *Guesa,* epic book,
as he wandered to and fro
Guesa's destiny he took.

He wandered where he wandered
as he was destined to,
like one who tries to hide
from himself what he must do.

Mas voltou de longe
com o muito que tinha
de poeta e de monge,
de corvo e andorinha,

talvez por ter visto
que o mundo era pouco
para arcar com um misto
de gênio e de louco.

E então sua Quinta
foi seu universo,
morada hoje extinta
de um mundo perverso

que via o poeta
como um louco inteiro,
e nunca o profeta,
o vate, o pioneiro.

But he came back again
with much of what he'd been
a poet and a monk,
a sparrow in the glen,

perhaps he'd understood
this world is, as a rule,
too small to mix in one
the genius and the fool.

And so his orchard home
became his universe,
a home long since destroyed
by evil men, perverse

who saw the poet as
a fool and insincere,
but never as a prophet,
a poet, pioneer.

❤ Ferreira Gullar

(1930–)

José Ribamar Ferreira, nome de batismo do poeta Ferreira Gullar, nasceu em São Luís, Maranhão, porém reside no Rio de Janeiro desde sua juventude. Iniciou sua carreira poética como um dos fundadores da poesia concreta na década de 50, o movimento avant-garde que reduziu a expressão poética ao mínimo de palavras; contudo, no início da década de 60, modificou seu estilo para uma forma poética mais popular e acessível.

Considerado como um escritor que denuncia a opressão e a injustiça, foi forçado a auto-exilar-se em 1971, durante a ditadura militar, indo, então, viver na Argentina, onde compôs uma obra forte intitulada *Poema sujo*. Este trabalho consiste de uma espécie de poema épico moderno que retrata não os triunfos, mas o lado obscuro do Brasil, desafiando a todos os que detêm o poder a corresponder às expectativas sociais. Estimado como poeta do povo, Ferreira Gullar escreve de modo lírico as experiências cotidianas populares, expressando seus pensamentos e desejos com franqueza e sinceridade.

Ferreira Gullar

(1930–)

Ferreira Gullar is the pen name of José Ribamar Ferreira, who was born in São Luís, Maranhão. As a young man, he moved to Rio de Janeiro, where he continues to make his home. He began his poetic career as one of the founders of concrete poetry in the 1950s, the avant-garde movement that reduced poetic expression to the barest minimum of words. But by the early 1960s, he had changed direction toward a more accessible, popular form of poetry.

Considered an outspoken writer against oppression and injustice, he was forced into self-exile in 1971 during the military dictatorship. He chose to live in Argentina, where he wrote a powerful work called *Poema sujo* (Dirty Poem), a kind of modern epic poem of Brazil, one that chronicles, not the triumphs, but the dark side of the country, and challenges those with power to live up to their trust. As a champion of the underdog, he is also the poet of the people. He writes lyrically of everyday occurrences and actions and is frank and open about expressing his thoughts and desires.

Meu povo, meu poema

Meu povo e meu poema crescem juntos
como cresce no fruto
a árvore nova

No povo meu poema vai nascendo
como no canavial
nasce verde o açúcar

No povo meu poema está maduro
como o sol
na garganta do futuro

Meu povo em meu poema
se reflete
como a espiga se funde em terra fértil

Ao povo seu poema aqui devolvo
menos como quem canta
do que planta

My People, My Poem

My people and my poem grow together
just as grows within the fruit
the young tree

Inside the people my poem is being born
just as in the cane field
sugar is born green

Inside the people my poem is maturing
like the sun
caught in the throat of the future

My people in my poem
are reflected
like a kernel of wheat buried deep in the fertile earth

To the people I hereby return their poem
less as one who sings
than one who plants

Mau cheiro

Os jornais anunciam que o prefeito
vai acabar com o mau cheiro em Olaria.

É melhor do que nada: esta cidade
anda fedendo muito ultimamente.

Não falo da Lagoa que, parece,
já fede por capricho;
nem da praia do Leblon,
do Posto Seis:
      nossa taxa de lixo.

Falo de um odor que entranha em tudo e que se espalha
pela cidade inteira feito gás
           e por mais
           banhos que tomemos
           e por mais
           desodorantes
           que usemos
                  (na boca, na axila
                  na vagina;
                  no vaso do banheiro,
                  no setor financeiro)
           não se acaba esse cheiro

Bad Smell

The newspapers announce that the mayor
is going to get rid of the bad smell in Olaria.

It's better than nothing: this city
has been smelling bad a lot lately.

I'm not talking about the Lake, which, it seems,
just smells bad for the heck of it;
nor the beach at Leblon,
or Station Six:
> our trash tax.

I'm talking about an odor that permeates everything and spreads
throughout the whole city like a gas
> and no matter how many
> baths we take
> and no matter how many
> deodorizers
> we use
>> (for mouth, underarm and
>> vaginal odors;
>> for toilet bowls,
>> for the financial district)
> you can't get rid of the smell

Subversiva

A poesia
quando chega
      não respeita nada.
Nem pai nem mãe.
          Quando ela chega
de qualquer de seus abismos
desconhece o Estado e a Sociedade Civil
desrespeita o Código de Águas
               relincha
como puta
    nova
      em frente ao Palácio da Alvorada.

E só depois
reconsidera: beija
           nos olhos os que ganham mal
           embala no colo
           os que têm sede de felicidade
           e de justiça

E promete incendiar o país

Subversive

Poetry
when it appears
          doesn't respect anything.
Not even father or mother.
                    When it appears
out of any of its abysses
it disregards the State and Civilized Society
it disrespects all Water Rights
                              it whinnies
like a young
     tart
     in front of the Palace of Dawn.

It's only later
it reconsiders: it kisses
                   the eyes of those who are poorly paid
                   it cradles in its arms
                   those who thirst after happiness
                   and justice

And promises to set the country ablaze

Desastre

Há quem pretenda
    que seu poema seja
    mármore
    ou cristal—o meu
o queria pêssego
        pera
        banana apodrecendo num prato
e se possível
numa varanda
onde pessoas trabalhem e falem
e donde se ouça
          o barulho da rua.
    Ah quem me dera
    o poema podre!
a polpa fendida
      exposto
o avesso da voz
        minando
      no prato
o licor a química
      das sílabas
          o desintegrando-se cadáver
      das metáforas
      um poema
      como um desastre em curso.

Disaster

There are those who fully intend
    for their poem to be
    marble
    or crystal—as for me
I want mine to be a peach
        a pear
        a banana rotting in a dish
and if possible
on a veranda
where people work and talk
and where one can hear
           the noise of the street.
      Oh how I'd love to have
      a rotten poem!
the pulp split open
      exposed
the wrong side of the voice
        mining
      in the dish
the juice the chemistry
      of the syllables
            the self-disintegrating cadaver
      of the metaphors
      a poem
      like a disaster in progress.

Gravura

Longe de mim
para além dos edifícios de Botafogo
                            e da Tijuca
                para além do Méier, de Madureira
                            de Bangu
vencida a última casa na periferia do Rio
                            longe
                para além dos espantosos rochedos
                da serra das Araras
para além dos vales e campos cultivados
                municípios e cidades
longe
longe de mim
                no coração de São Paulo
                dorme você a esta hora
                (quatro e quinze da manhã)

                com seus negros cabelos.

Photograph

Far away from me
beyond the buildings of Botafogo
                    and of Tijuca
          beyond Méier, Madureira
                    and Bangu
past the last house on the outskirts of Rio
                    far away
          beyond the incredible rock formations
          of the Araras mountains
beyond the valleys and cultivated fields
          municipalities and cities
far away
far away from me
          in the heart of São Paulo
          you lie asleep at this hour
          (four fifteen in the morning)

          with your black hair.

Detrás do rosto

Acho que mais me imagino
do que sou
ou o que sou não cabe
no que consigo ser
     e apenas arde
detrás desta máscara morena
que já foi rosto de menino.

Conduzo
sob minha pele
uma fogueira de um metro e setenta de altura.

Não quero assustar ninguém.
Mas se todos se escondem no sorriso
               na palavra medida
devo dizer
que o poeta gullar é uma criança
        que não consegue morrer

e que pode
a qualquer momento
desintegrar-se em soluços.

Você vai rir se lhe disser
que estou cheio de flor e passarinho
que nada
do que amei na vida se acabou:
     e mal consigo andar
     tanto isso pesa.

Pode você calcular quantas toneladas de luz
     comporta
     um simples roçar de mãos?
     ou o doce penetrar
     na mulher amorosa?

Behind the Face

I think I imagine myself more
than I am
or that what I am doesn't fit
into what I am able to be
         and merely burns
behind this brown mask
that was once the face of a child.

I carry
under my skin
a bonfire five feet six inches tall.

I don't want to scare anybody.
But if everyone hides behind a smile
         a measured word
I would have to say
that the poet Gullar is a child
         who is unable to die

and who can
at any moment
melt into tears.

You will laugh if I tell you
that I'm full of flowers and little birds
that nothing
that I loved in this life has ended:
         and I can barely walk
         for the weight of it.

Can you calculate how many tons of light
         are found
         in a simple brush of the hands?
         or in the sweet union
         with the wife who loves you?

Ferreira Gullar — 353

Só disponho de meu corpo
para operar o milagre
    esse milagre
    que a vida traz
           e zás
           dissipa às gargalhadas.

I only make use of my body
to operate the miracle
    that miracle
    which life does bring
        and zing
        it dissipates in peals of laughter.

❤️ Augusto de Campos

(1931–)

Augusto de Campos e seu irmão Haroldo, nascidos em São Paulo, são os co-fundadores do movimento literário internacional conhecido como poesia concreta. Iniciado no início da década de 50, este movimento tenta levar avante as tendências vanguardistas da primeira geração modernista, utilizando-se particularmente da aglutinação entre os aspectos espacial-visual das artes plásticas e o valor semântico-auditivo das palavras. Os poetas procuram eliminar os aspectos seqüenciais de tempo, inerentes aos versos tradicionais, utilizando apenas palavras chaves ou pivotais e expressando-as de modo gráfico, além de semântico e aureal. Este movimento encontra inspiração nos ideogramas orientais e nos trabalhos de mestres modernos como Joyce e Pound.

Augusto e Haroldo de Campos, além de terem composto poesia, revitalizaram a cultura literária brasileira através de seus artigos críticos, descoberta de poetas esquecidos (e.g., Sousândrade), e por terem traduzido para a língua portuguesa com extraordinária destreza uma grande quantidade de obras de autores estrangeiros.

⩔ Augusto de Campos

(1931–)

Augusto de Campos and his brother Haroldo, both born in São Paulo, are the cofounders of the international literary movement known as concrete poetry. Begun in the early 1950s, this vanguard movement attempts to carry on the most avant-garde tendencies of the first modernist generation—in particular, the agglutination of the spatial-visual aspects of the plastic arts with the semantic-auditive value of words. The concrete poets eliminate the sequential time aspects inherent in traditional verse by retaining only pivotal or key words to express themselves graphically, as well as semantically and auditorily. The movement finds inspiration in Oriental ideograms and in the works of such modern masters as Joyce and Pound.

Besides their poetry, Augusto and Haroldo de Campos have revitalized Brazilian letters through their critical articles and their discoveries of forgotten poets (e.g., Sousândrade) and by translating into Portuguese—with extraordinary brilliance—the works of numerous foreign authors.

Ovonovelo

ovo
novelo
novo no velho
o filho em folhos
na jaula dos joelhos
infante em fonte
feto feito
dentro do
centro

Ovumskein

ovum
s   k   e   i   n
new skin in old
the child enchanted
in the net of the knee
i n f a n t   i n   f o n t
f e t u s   fi n i s h e d
w i t h i n   t h e
womb

Pluvial

p
pl
plu
pluv
pluvi
pluvia
fluvial
fluvial
fluvial
fluvial
fluvial
fluvial

Pluvial

p
pl
plu
pluv
pluvi
pluvia
fluvial
fluvial
fluvial
fluvial
fluvial
fluvial

Acaso

socaa		soaca		scaoa		ocasa
oscaa		oasca		csaoa		coasa
scoaa		saoca		sacoa		oacsa
csoaa		asoca		ascoa		aocsa
ocsaa		osaca		casoa		caosa
cosaa		aosca		aocsa		acosa
	soaac		saaoc		scaao	
	osaac		asaoc		csaao	
	saoac		aasoc		sacao	
	asoac		oaasc		ascao	
	oasac		aocsa		casao	
	aosac		aaosc		acsao	
		saaco		ocaas		
		asaco		coaas		
		aasco		oacas		
		caaso		aocas		
		acaso		caoas		
		aacso		acoas		
			oaacs			
			aoacs			
			aaocs			
			aaocs			
			acaos			
			aacos			

Event*

vtnee		vtene		vnete		tneve	
tvnee		tvene		nvete		nteve	
vntee		vetne		vente		tenve	
nvtee		evtne		nevte		etnve	
tnvee		tevne		evnte		netve	
ntvee		etvne		envte		entve	
	vtenn		veetn		vneet		
	tveen		evetn		nveet		
	veten		eevtn		venet		
	evten		teevn		evnet		
	teven		etevn		nevet		
	etven		eetvn		envet		
		veent		tneev			
		event		nteev			
		eevnt		tenev			
		neevt		etnev			
		enevt		netev			
		eenvt		entev			
			teenv				
			etenv				
			eetnv				
			neetv				
			enetv				
			eentv				

*Translation by Augusto de Campos

❤ Nauro Machado

(1935–)

Nauro Machado nasceu em São Luís, Maranhão, e é considerado um poeta cerebral, de introspeção e desespero. Diferentemente da maioria dos escritores brasileiros, alcançou proeminência sem ter precisado mudar-se para os grandes centros urbanos. Compôs mais de trinta livros de poesia, todos eles concisos, mordazes e algumas vezes amargos, geralmente moldados dentro de contextos filosóficos e religiosos que oferecem promessas de esperança. Seus poemas, no entanto, geralmente terminam antes dessas promessas tornarem-se realidade.

Desde sua juventude, e de modo contínuo, Nauro Machado nutriu e minou uma personalidade artística de auto-censura; isto devido ao fato de nunca ter conseguido perdoar seu pai por falecer. Sua experiência de abandono, seguida de uma vida desregrada, tornou-se uma metáfora de degradação humana. O poeta busca, então, o significado da vida e, acima de tudo, redenção. Sua fé, no entanto, apresenta-se oscilante, visto que ele próprio receia ser uma criatura fraca demais para poder arrepender-se e, dessa forma, nenhum tipo de força será capaz de regenerá-lo. Nauro Machado, entretanto, casou-se e construiu uma família amorosa e que lhe oferece apoio, apesar desse fato não ser perceptível ao leitor de seu trabalho.

❧ Nauro Machado

(1935–)

Nauro Machado, born in São Luís, Maranhão, is regarded as a cerebral poet of introspection and despair. Unlike most Brazilian writers, he has gained prominence without moving to the centers of power away from his native state. He is the author of more than thirty volumes of poetry (five of which contain only sonnets), all of it concise, biting, and sometimes bitter yet generally cast within a philosophical and religious context that holds out a promise of hope. His poems, however, usually end before the promise is given.

He has continued to nurture and mine this self-deprecating persona, which was formed in his youth. He has never forgiven his father for dying. Machado's real-life experiences of abandonment followed by profligacy have become a metaphor for the fallen state of man. He seeks meaning to life and above all redemption, but his faith wavers, for he fears that he is too weak to repent and thus no power can regenerate him, i.e., regenerate mankind. Nauro Machado, however, is happily married with a loving, supportive wife and family, although a reader of his work might think otherwise.

Parafuso

Sabem-me o rosto,
sabem-me os pés,
sabem-me a roupa.

Viram-me nu,
viram-me inteiro
no corpo imóvel.

Mas só me sabem,
mas só me vêem,
mas só me enterram:

inexistente,
alheio e estranho,
entrado em mim.

Thumbscrew

They know my face,
they know my feet,
they know my clothes.

They've seen me naked,
they've seen me whole
in my immobile body.

But they only know me,
but they only see me,
but they only bury me:

nonexistent,
estranged and a stranger,
entered within me.

Circunavegação de Caim

A Pedra pesa. O braço estendo
à palavra mais pesada
que carrego em minha costa
de aberto dicionário.

Sou intruso nesse museu
de onde me expulsa o presente.
A palavra, que é só de pedra,
cheira a barro das cavernas.

Converso com o Presidente
em Dallas assassinado.
—Há muitos séculos chove . . .
(Ele me diz.) A Pedra pesa.

Circumnavigation of Cain

The Stone is heavy. I extend my arm
toward the heaviest word of all
which I carry on my back
of opened dictionary.

I'm an intruder in this museum
from which the present expels me.
The word, which is only of stone,
smells of cavern clay.

I converse with the President
assassinated in Dallas.
—It's been raining for many centuries . . .
(He tells me.) The Stone is heavy.

Último modelo

Quando eu morrer em frente ao crepúsculo,
o nariz dos órgãos na erva imortal,
a terra guardará o cadilaque dos sonhos
atravessando o espaço do meu desejo.

Latest Model

When I depart this world facing the twilight,
the tips of my organs in the immortal grass,
the earth will keep my Cadillac of dreams
traversing through the space of my desire.

Epitáfio

Eu sou número
sob a forma:
é o que chamo
ser meu estar.

Um e não outro
é o meu nome.
Em mim des/
apareço.

Epitaph

I'm a number
beneath a form:
it's what I call
to be my being.

One not the other
is my name.
In me I dis/
appear.

"Ao me deitarem num caixão de barro"

Ao me deitarem num caixão de barro,
pela dureza dos noturnos fossos,
para chegar aonde chegue o carro
levando a eternidade em seus destroços,

hei de quebrar também o imundo jarro
guardando a estéril flor sujeita aos ossos,
e conduzir vis pés com que me amarro
nesta muleta a conduzi-los grossos,

até chegar, também, aonde esbarro
sobre a matéria a apodrecer os vossos
feridos pés, Senhor, nos quais escarro

por fundos lábios a banhar-me os troços
de ensangüentada traça, ou troça, ou barro
levando a um fim igual ao que é dos nossos.

When I am laid inside an earthen box

When I am laid inside an earthen box,
around nocturnal graves' rigidity,
arriving in what cart may reach the plots
which hold within their rot eternity,

I'll surely break the filthy pitcher too
which guards the sterile flower bound to bone,
and then direct my loathsome feet toward you
though tied to crutches, swollen and alone,

until I reach, as well, where my foot slips
on matter which now rots your wounded feet,
dear Lord, on which my drool will fall

and bathe my broken parts through hollow lips
with bloody worms, or mockery, or peat
which bring an end that's common to us all.

❤ Adélia Prado

(1935–)

Adélia Prado nasceu e vive em Divinópolis, Minas Gerais, onde tornou-se professora de história da filosofia na faculdade local. Aclamada pelos críticos e popular com o público, ela conseguiu transformar em arte os pensamentos comuns, os acontecimentos cotidianos, e as ações mundanas de uma típica esposa, mãe e dona de casa da classe média. Apesar de Adélia Prado defender as causas femininas, ser religiosa e não temer compartilhar sua fé em Deus, ela não pode ser rotulada nem de feminista fanática, e nem de santa. Ela tem conhecido a dor e a desilusão, mas não é nenhuma mártir, como também não é uma Pollyanna, embora seja capaz de escrever um poema somente por estar se sentindo feliz num dado momento.

Sua poesia reflete a perspectiva feminina sobre a humanidade; podemos nos ver a nós mesmos em suas composições, como indivíduos que um dia já tiveram os mesmos pensamentos, ou que já passaram pelas mesmas experiências. Sua abordagem direta, honesta e geralmente otimista é revigorante, confirmatória, e totalmente satisfatória.

 # Adélia Prado

(1935–)

Adélia Prado was born in Divinópolis, Minas Gerais, which continues to be her home and is where she held a professorship in the history of philosophy at the local college. Acclaimed by the critics and popular with the reading public, she has raised the common thoughts, the everyday occurrences, and the mundane actions of a typical middle-class, married-with-children homemaker to an art. She is not a rabid feminist, although she champions women's causes, nor is she a saint, even though she is religious and is not afraid to share her belief in God. She has suffered, and she has known pain and disillusionment. Adélia Prado is no martyr, but then, neither is she a Pollyanna, although she can write a poem just because she was feeling happy at that moment.

Her poetry reflects a woman's perspective on humankind; we can all see ourselves in the things she writes, for we have had those same thoughts, those same experiences. Her straightforward, honest, and generally upbeat approach to life is refreshing, validating, and thoroughly satisfying.

Solar

Minha mãe cozinhava exatamente:
arroz, feijão roxinho, molho de batatinhas.
Mas cantava.

Manor House

My mother would cook with exactness:
rice, purple beans, gravy with potatoes.
But she'd sing.

Esperando Sarinha

Sarah é uma linda menina ainda mal-acordada.
Suas pétalas mais sedosas estão ainda fechadas,
dormindo de bom dormir.
Quando Sarinha acordar,
vai pedir leite na xícara de porcelana pintada,
vai querer mel aos golinhos em colherinha de prata,
duas horas vai gastar fazendo tranças e castelos.
Estou fazendo um vestido,
uma tarde linda e um chapéu,
pra passear com Sarinha,
quando Sarinha acordar.

Waiting for Little Sarah

Sarah is a beautiful child not yet fully awake.
Her silkiest petals still remain unopened,
sleeping the good sleep.
When little Sarah awakens,
she will ask for milk in a hand-painted porcelain cup,
she will want gobs of honey in a little silver spoon,
she'll spend two hours making braids and castles.
I'm making a dress,
a lovely afternoon and a hat,
to go out with Sarah,
when little Sarah wakes up.

A profetisa Ana no templo

As fainas da viuvez trabalham uma horta nova.
Quem me condenará por minhas vestes claras?
O recém-nascido vai precisar de faixas.
É um tal amor o que prepara os ungüentos
que obriga a divindade a conceder-se.
Até que esmaeçam,
velo as coruscantes estrelas.

Anna the Prophetess in the Temple

The tedious tasks of widowhood work a new orchard.
Who will condemn me for my light-colored clothing?
The newborn will need swaddling bands.
It is with such love that the ointments are prepared
that divinity will be obliged to concede himself.
Until they grow faint,
I'll keep watch over the sparkling stars.

Dia

As galinhas com susto abrem o bico
e param daquele jeito imóvel
—ia dizer imoral—
as barbelas e as cristas envermelhadas,
só as artérias palpitando no pescoço.
Uma mulher espantada com sexo:
mas gostando muito.

Daybreak

The hens open their beaks with surprise
and stand there in that motionless way
—I was going to say immoral way—
their double chins and combs flushed with red,
with only the arteries throbbing in their necks.
A woman surprised by sex:
but enjoying it immensely.

Cinzas

No dia do meu casamento eu fiquei muito aflita.
Tomamos cerveja quente com empadas de capa grossa.
Tive filhos com dores.
Ontem, imprecisamente às nove e meia da noite,
eu tirava da bolsa um quilo de feijão.
Não luto mais daquele modo histérico,
entendi que tudo é pó que sobre tudo pousa e recobre
e a seu modo pacifica.
As laranjas freudianamente me remetem a uma fatia de sonho.
Meu apetite se aguça, estralo as juntas de boa impaciência.
Quem somos nós entre o laxante e o sonífero?
Haverá sempre uma nesga de poeira sob as camas,
um copo mal lavado. Mas que importa?
Que importam as cinzas,
se há convertidos em sua matéria ingrata,
até olhos que sobre mim estremeceram de amor?
Este vale é de lágrimas.
Se disser de outra forma, mentirei.
Hoje parece maio, um dia esplêndido,
os que vamos morrer iremos aos mercados.
O que há neste exílio que nos move?
Digam-no os legumes sobraçados
e esta elegia.
O que escrevi, escrevi
porque estava alegre.

Ashes

On the day of my wedding I became upset.
We drank warm beer and ate sandwiches with thick crusts.
I bore children with pain.
Yesterday, at imprecisely nine-thirty at night,
I was taking a kilo of beans out of my bag.
I don't struggle anymore in that hysterical way,
I understood that everything is dust that it settles on everything and recovers it
and in its own way brings peace.
The oranges send me Freudianly into a slice of a dream.
My appetite increases, I burst the bands of righteous impatience.
Who are we between laxatives and sleeping pills?
There will always be a few dust bunnies under the beds,
a poorly washed glass. But what of it?
What do the ashes matter,
if there are converted in their ungrateful matter,
even eyes which sparkled with love when they looked upon me?
This is a valley of tears.
If I said it any other way, I'd be lying.
Today it seems like May, a splendid day,
those of us who are going to die will go to the markets.
What is there in this wilderness which moves us?
Let the packaged vegetables say
and this elegy.
What I wrote, I wrote
because I was happy.

Dolores

Hoje me deu tristeza,
sofri três tipos de medo
acrescidos do fato irreversível:
não sou mais jovem.
Discuti política, feminismo,
a pertinência da reforma penal,
mas ao fim dos assuntos
tirava do bolso meu caquinho de espelho
e enchia os olhos de lágrimas:
não sou mais jovem.
As ciências não me deram socorro,
nem tenho por definitivo consolo
o respeito dos moços.
Fui no Livro Sagrado
buscar perdão pra minha carne soberba
e lá estava escrito:
"Foi pela fé que também Sara, apesar da idade avançada,
se tornou capaz de ter uma descendência . . ."
Se alguém me fixasse, insisti ainda,
num quadro, numa poesia . . .
e fossem objeto de beleza os meus músculos frouxos . . .
Mas não quero. Exijo a sorte comum das mulheres nos tanques,
das que jamais verão seu nome impresso e no entanto
sustentam os pilares do mundo, porque mesmo viúvas dignas
não recusam casamento, antes acham o sexo agradável,
condição para a normal alegria de amarrar uma tira no cabelo
e varrer a casa de manhã.
Uma tal esperança imploro a Deus.

Aches and Pains

I feel blue today,
I've suffered three kinds of fears
in addition to that irreversible fact:
I'm no longer young.
I've discussed politics, feminism,
the relevancy of penal reform,
but when the conversations ended
I'd take my compact mirror out of my purse
and my eyes would fill with tears:
I'm no longer young.
Science has not come to my rescue,
nor do I have as a definite consolation
the respect of the young.
I turned to the Sacred Book
seeking forgiveness for my haughty flesh
and I found written there:
"Through faith also, Sarah herself received strength to conceive seed, and was
delivered of a child when she was past age . . . "
If someone were to immortalize me, I still insisted,
in a painting, in a poem . . .
and my flabby muscles were objects of beauty . . .
But I don't want that. I demand the common fate of women at the washbasins,
of those who will never see their names in print and who nevertheless
sustain the pillars of the world, for even noble widows
have not refused marriage, rather, they've found sex enjoyable,
a condition suitable for the common joy of tying a ribbon in your hair
and sweeping out the house in the morning.
It is just such a hope that I implore of God.

Órfã na janela

Estou com saudade de Deus,
uma saudade tão funda que me seca.
Estou como palha e nada me conforta.
O amor hoje está tão pobre, tem gripe,
meu hálito não está para salões.
Fico em casa esperando Deus,
cavacando a unha, fungando meu nariz choroso,
querendo um pôster dele, no meu quarto,
gostando igual antigamente
da palavra crepúsculo.
Que o mundo é desterro eu toda vida soube.
Quando o sol vai-se embora é pra casa de Deus que vai,
pra casa onde está meu pai.

Orphan at the Window

I miss God,
I miss him so profoundly that it dehydrates me.
I'm like dry grass and nothing comforts me.
Love today is so poor, it's got a bad cold,
my breath is not fit to go out in public.
I remain at home waiting for God,
biting my nails, sniffling through my crying nose,
wanting a poster of him, for my room,
liking the same as yesteryear
the word gloaming.
That the world is a wilderness I've known all my life.
When the sun leaves the sky it's to the house of God that it goes,
to the house where my father is.

▼ Affonso Romano de Sant'Anna

(1937–)

Affonso Romano de Sant'Anna nasceu em Belo Horizonte, Minas Gerais e é um homem finamente educado. Doutorou-se pela Universidade Federal de Minas Gerais, escrevendo sua dissertação sobre Carlos Drummond de Andrade. É membro do corpo docente da Pontifícia Universidade Católica do Rio de Janeiro (onde foi chefe do Departamento de Literatura, instituindo o programa de pós-graduação) e da Universidade Federal do Rio de Janeiro. Também foi professor visitante na Universidade da Califórnia (UCLA), na Universidade do Texas e em diversas universidades européias. De 1990 até 1996 serviu como Diretor da Fundação da Biblioteca Nacional do Brasil.

Participou ativamente dos movimentos de vanguarda literários das décadas de 50 e 60, sempre utilizando um estilo característico. Como um poeta inventivo e de reflexão, prudente e irônico, leva-nos a questionar muitos dos conceitos valorizados pela humanidade. Costuma expressar um austero juízo crítico em relação ao seu próprio país, sendo este, no entanto, muito amado por ele. Além de já ter publicado diversos livros de poesia, Affonso Romano de Sant'Anna é autor de mais de uma dúzia de livros de ensaios e crônicas.

❦ Affonso Romano de Sant'Anna

(1937–)

Affonso Romano de Sant'Anna, born in Belo Horizonte, Minas Gerais, is a highly educated man. He obtained his doctorate from the Federal University of Minas Gerais, writing his dissertation on Carlos Drummond de Andrade. He has been a member of the faculty of the Pontifical Catholic University in Rio de Janeiro (where he was chairman of the Department of Literature and established its graduate program) and at the Federal University of Rio de Janeiro. He has also been a visiting professor at the University of California, Los Angeles; the University of Texas; and several universities in Europe. From 1990 to 1996, he served as the director of the National Library of Brazil.

He participated actively in the literary vanguard movements of the 50s and 60s, but always with his own distinctive style. He is a poet of thought and reflection, wit and irony, and calls into question many of man's cherished assumptions. He saves his harshest criticism for his own country, a country he nonetheless loves. In addition to publishing several volumes of poetry, he is the author of more than a dozen volumes of essays and *crônicas* (newspaper columns).

Sobre certas dificuldades atuais

Não está nada fácil ser poeta nestes dias.

Não falo da venda de livros de poesia
—que se poesia é isto que aí está,
o público tem razão.

                —Nem eu mesmo compraria.

De um lado,
        um bando de narcisos desunidos,
        ressentidos,
        com vocação noturna de suicidas,
de outro,
        os generais com seus suplícios
        pensando que comandam os industriais,
        que, comandados,
                comandam os generais
        de que precisam.

Não,
não está nada fácil ser poeta nestes dias.
Seja
    palestino,
    libanês,
    argentino,
    chileno,
    sul-africano,
    ou irlandês,
não está nada fácil ser poeta nestes dias.

Sem dúvida, é mais fácil e inútil
ser poeta americano e francês,
com muito sanduíche e vinhos
e muito prazer burguês.

Regarding Certain Contemporary Difficulties

It's not easy to be a poet these days.

I don't mean the sale of books of poetry
—that if what's out there now is what they are calling poetry,
the public is right.

        —Even I wouldn't buy it.

On the one hand,
      a pack of narcissists disunified,
      full of resentments,
      with a nocturnal taste for suicide,
and on the other,
      the generals with their tortures without end
      thinking they command the industrialists,
      who, being commanded themselves,
            command the generals
      upon whom they depend.

No,
it's not easy to be a poet these days.
Whether
     Palestinian,
     Lebanese,
     Argentinian,
     Chilean,
     South African,
     or Irish,
it's not easy to be a poet these days.

Without a doubt, it is easier and useless
to be an American or a French poet,
with lots of sandwiches and wine
and lots of bourgeois pleasures fine.

Não,
não é nada fácil ser poeta índio nestes dias.
Tão difícil quanto ser poeta polonês e afegão.
Não, não é nada fácil
ser um poeta, dividido, alemão.

Na Rússia, talvez haja poeta proletário
contente com o recalcado medo
e seu profissional salário.
De qualquer jeito
nunca foi fácil ser poeta
num regime autoritário.

Não está nada fácil ser poeta nestes dias.
Não está nada fácil ser poeta noite e dia.
Não está nada fácil ser poeta da alegria.
Não,
não está nada fácil ser poeta

                      e brasileiro
nestes dias.

No,
it's not a bit easy being an Indian poet these days.
It's as difficult as being a Polish or Afghan poet.
No, it's not a bit easy
being a divided, German, poet.

In Russia, perhaps there's a poet proletarian
who's happy with repressed fear
and his professional salary.
In any event
it was never easy being a poet
in a regime authoritarian.

It's not easy to be a poet these days.
Its not easy to be a poet night and day.
It's not easy to be a poet of happiness.
No,
it's not easy to be a poet
                              and Brazilian
these days.

O massacre dos inocentes
ou um mistério bíblico na América Central

Herodes—o Tetrarca,
                mudou de terra,
                mudou de tática.
Não ordena mais a degola dos recém-nascidos
de forma anárquica.

Deixa-os crescer
          nas selvas de El Salvador
                    e Nicarágua
com suas gargantas trágicas.

Deixa que amadureçam seus músculos
nas folhagens da guerrilha.

Deixa que os sonhos verdes da utopia
cresçam na jovem barba dos messias.

Só, então, solta seus exércitos
com cimitarras mercenárias
que degolam a aurora aos gritos
ensangüentando as manjedouras das vilas.

Herodes
     mudou de nome
        mas não mudou de infâmia.
Por isto, José, Maria e o Filho
em vez de fugir pro Egito
sobem a montanha com seu rifle.

The Massacre of Innocents
or a Biblical Mystery in Central America

Herod—the Tetrarch,
                          changed countries,
                          changed tactics.
He no longer orders the decapitation of newborns
in an anarchistic fashion.

He lets them grow up
                  in the jungles of El Salvador
                               and Nicaragua
with their tragic throats.

He lets their muscles mature
among the leaves of guerrilla warfare.

He lets the green dreams of utopia
grow in the young beards of the messiahs.

Only then, does he unleash his armies
with mercenary scimitars
that decapitate the dawn with cries
drenching the village mangers with blood.

Herod
      changed his name
      but he didn't change his infamy.
That's why, Joseph, Mary and the Son
instead of fleeing to Egypt
climb the mountain with their rifle.

Tal é o mistério
tropical-medieval.
Os reis magos estão perdidos no deserto.
Os pastores ouvem cantos contraditórios de arcanjos
que desorientam seus rebanhos.
E no alto
    brilha vermelha e enigmática

                uma dura estrela.

Such is the tropical-medieval
mystery.
The three kings are lost in the desert.
The shepherds hear contradictory songs from archangels
which disorient their flocks.
And on high
   shines red and enigmatic
       a hard star.

Amor vegetal

Não creio que as árvores
fiquem em pé, em solidão, durante a noite.
Elas se amam. E entre as ramagens e raízes
se entreabrem em copas
em carícias extensivas.

Quando amanhece,
não é o cantar de pássaros que pousa em meus ouvidos,
mas o que restou na aurora
de seus agrestes gemidos.

Vegetable Love

I don't believe that trees
remain erect, all alone, during the night.
They make love. And throughout their limbs and roots
they branch out into crowns
in extensive caressing.

When morning comes,
what rests in my ears isn't the song of the birds,
but that which remains in the dawn
of their rustic sighing words.

Cilada verbal

Há vários modos de matar um homem:
com o tiro, a fome, a espada
ou com a palavra
                    —envenenada.

Não é preciso força.
Basta que a boca solte
a frase engatilhada
e o outro morre
                    —na sintaxe da emboscada.

Verbal Ambush

There are many ways to kill a man:
with a bullet, starvation, a sword
or with poisoned
          —words.

No need for force.
All you need is for the mouth to let fly
with a cocked phrase
and the fellow will die
          —in the ambush of syntax.

❤ Neide Archanjo

(1940–)

Neide Archanjo, nascida em São Paulo, pertence à chamada geração de 1960. Com a instalação da ditadura militar em 1964, a liberdade de expressão, e a preeminência do Brasil no palco mundial de cultura popular, foram severamente limitadas. Na altura do golpe militar, Neide era uma jovem estudante de direito; o seu livro de estréia, *Primeiros ofícios da memória,* apareceu no mesmo ano. Durante os piores anos da repressão e censura, escritores às vezes divulgavam suas obras via cópias mimeografadas e/ou transmitidas oralmente na Praça da República. Seu terceiro volume, *Poesia na praça,* 1970, registra e reflete essa época.

Quatro de seus sete volumes de poesia são poemas épico-líricos, verdadeiras jornadas pelas quais todo ser humano progride de etapa em etapa à procura do propósito da vida e sua meta final. Independentemente do território metafísico, espiritual, filosófico, ou autobiográfico que ela explora, seu lema constante é manter um equilíbrio entre "lucidez e alumbramento", o que proporciona aos seus leitores não só empatia pelas experiências, mas apreço pela sutileza com que ela expressa suas percepções. Não surpreende que Neide Archanjo encare sua vida como um poema vivo em andamento.

 # Neide Archanjo

(1940–)

Neide Archanjo, from São Paulo, belongs to the so-called generation of 1960. With the installation of the military dictatorship in 1964 both freedom of expression and the prominence of Brazil on the world stage of popular culture were severely limited. She was a young law student at the time of the coup and saw her first volume of poetry, *Primeiros ofícios da memória,* published that same year. During the worst years of repression and censorship, writers published their work via mimeographed copies and disseminated it orally on soapboxes in public squares; her third volume, *Poesia na praça,* 1970, registers and reflects that time.

Four of her seven volumes of poetry are long lyric/epic poems, everyman's journeys through various stages of progression, seeking the meaning of life and its ultimate goal. Regardless of how much metaphysical, spiritual, or philosophical terrain she may autobiographically explore, her constant watchword and theme has been to maintain a balance between "lucidity and enlightenment," which allows her readers not only to empathize with her experiences but to enjoy the skill with which she expresses her perceptions. Not surprisingly, Neide Archanjo views her life as an ongoing, living poem.

Que bonitos ojos tienes

Os teus olhos são da cor
do mar de Ipanema,
mas eu não moro em Ipanema,
então como este poema?
Sei lá.
Tudo isso é tão antigo:
Ipanema-mar-olho-poema
—não tenho culpa,
não há outro jeito de falar,
nem encontro forma revolucionária
na arte tão antiga de te amar.
Faço o gênero de sempre, sem data,
que todo amante faz:
ridículo e sem tato.
E garanto amor irreversível
pro teu mar-olho-poema,
não pra Ipanema,
que eu nem moro lá.

Que bonitos ojos tienes*

Your eyes are the color
of the sea of Ipanema,
but I don't live in Ipanema,
then how come this poem?
Not a clue.
All that is so old:
Ipanema-sea-eye-poem
—I'm not to blame,
there is no other way to speak or do,
nor can I find a revolutionary form
within the ancient art of loving you.
I use the same genre, without dates,
that every lover uses:
ridiculous and without feeling.
And I guarantee an irreversible love
for your sea-eye-poem,
not for Ipanema,
since I don't even live there.

*What beautiful eyes you have: the first line
of a popular Spanish song.

Volkstrot

Amo meu Volkswagen
como amei meus bichos
meus livros
minhas roseiras
meus amores.
É um amor de cinco sentidos.
Com ele atravesso
viadutos ruas
vejo pessoas
penso em tanta coisa
ouço o rádio
carrego meus amigos
retendo tudo por mais tempo
—retina coração.
E com ele fico só.
Andamos na velocidade média
de 60 quilômetros horários
para olhar a vida
detidamente
sem que nada se perca
no percurso
na passagem
na preferência
na mudança de direção.
Meu Volks é branco
e tem um ar limpo delirante
aturdido de saudade
com seus 1.300 cavalos no motor.
É ângulo.
Mais:
é ave.

Volkstrot

I love my Volkswagen
like I loved my pets
my books
my rose bushes
my loves.
It's a five-senses love.
With it I traverse
viaducts streets
I see people
I think about so many things
I listen to the radio
I carry my friends
retaining everything longer
—retina heart.
And with it I'm by myself.
We travel an average speed
of 60 kilometers per hour
to look at life
attentively
not losing anything
along the way
in the act of passing
in the right of way
in the change of direction.
My Volks is white
and it has a deliriously clean air about it
confused with longing
with its 1,300 horses in the engine.
It's angular.
More:
it's a bird.

"Não vi Colombo descobrir a América"

Não vi Colombo descobrir a América
mas vi o homem descer na Lua.

Desceu manso e decidido
como uma sombra
o coração batendo 156 vezes por minuto
—recorde de comoção.

Atrás dele a águia em pouso
e a humanidade.

Depois o homem, a pedra, a entranha,
a bandeira,
a pá e a solidão.

20 de julho de 1969,
mar da Tranqüilidade:

—Terra à vista!

I didn't see Columbus discover America

I didn't see Columbus discover America
but I saw man land on the Moon.

He landed softly and determined
like a shadow
his heart beating 156 times per minute
—a record of commotion.

Behind him the eagle at rest
and all mankind.

Later the man, the rock, the bowel,
the flag,
the shovel and the solitude.

July 20, 1969,
sea of Tranquility:

—Land ho!

I'm Sorry

Alguém vai querer este poema diferente
como já me quiseram diferente
do que penso e do que sou.
Concordo. Seria mais fácil compor
cara e poema ao gosto de todos
sem interferências pessoais.
Como também seria mais fácil
não amar o que amo
não ser o que sou
não fazer o que faço.
Mas, por acaso, já perceberam
que estamos tentando juntos
a experiência funda
da vida
e que isso dói, machuca
e incomoda?
Já perceberam?

I'm Sorry

Someone is going to want this poem different
just like they wanted me different
from what I think and from what I am.
I agree. It would be much easier to compose
face and poem to the taste of everyone
without personal interferences.
Just like it would be much easier
not to love what I love
not to be who I am
not to do what I do.
But, by the way, have they noticed
that together we are attempting
life's profound
experience
and that that hurts, wounds
and is annoying?
Have they noticed?

"O amor"

O amor
a mais pesada das drogas
é uma dor
é um silêncio tão próximo da morte
que sendo inevitável
hei de aceitá-lo
com temor e reverência.

Love

Love
the heaviest of all drugs
is a pain
is a silence very near to death
which being inevitable
I'll surely accept it
with fear and reverence.

"Atrás da curva dos teus ombros"

Atrás da curva dos teus ombros
uma chuva caía incessante
um pouco água um pouco bruma.
Mais acima estavam teus olhos
duas tâmaras maduras.
Então pensei: que alegria é esta
que a vida não me deu antes?

As tardes passarão esta hora passará
outras esperas outros acontecimentos
hão de turvar meu sangue.
Não hoje.

Behind the curvature of your shoulders

Behind the curvature of your shoulders
a rain was falling incessantly
a little bit water a little bit mist.
Further up were your eyes
two ripe dates.
And then I thought: what joy is this
that life had not given me before?

The evenings will pass away this hour will pass away
other delays other events
will surely disturb my blood.
Not today.

"Poesia"

Poesia
grão amargo
entre meus dentes.

Poetry

Poetry
bitter seed
stuck between my teeth.

Direitos autorais/Copyright Acknowledgments

Notas sobre o tradutor

Frederick G. Williams (1940–) recebeu seu bacharelado em Civilização Hispânica da Universidade de Brigham Young em 1965; o grau de Mestre em 1967 e o Doutorado em 1971 em Literatura Luso-Brasileira, da Universidade de Wisconsin. Ele começou sua carreira acadêmica como professor assistente na Universidade da Califórnia em Los Angeles (UCLA), onde ensinou por dois anos antes de se juntar ao corpo docente da Universidade da Califórnia em Santa Bárbara (UCSB) em 1974. Além de servir por seis anos como chefe do Departamento de Espanhol e Português, ele ajudou a criar e foi também o primeiro diretor do Centro de Estudos Portugueses da UCSB, o qual foi possível através de doações generosas recebidas da Fundação Calouste Gulbenkian de Lisboa.

Professor Williams publicou dois volumes de sua própria poesia, e é autor de inúmeros artigos e de 11 volumes na área portuguesa, os quais incluem estudos sobre figuras como Luís de Camões, Antônio Vieira, Graciliano Ramos, Carlos Drummond de Andrade e Jorge de Sena. Entre suas traduções, encontramos um volume do poeta português Jorge de Sena e outro do poeta goês, José Rangel. Mas foi através de sua extensa pesquisa sobre o poeta brasileiro Sousândrade, que se torna reconhecido entre o meio literário brasileiro. Seu livro *Sousândrade: Vida e Obra*, e dois outros volumes co-editados com Jomar Moraes, *Sousândrade: Inéditos* e *Sousândrade: Prosa*, (agora reeditados num só volume com o título *Poesia e prosa reunidas de Sousândrade*, 2003) levaram-no a receber do governador do Estado do Maranhão a Medalha do Mérito Timbira, assim como agraciado pelo presidente do conselho municipal com o título de Cidadão Honorário de São Luís. Membro correspondente também da Academia Maranhense de Letras desde 1975, e detentor da Medalha Souzândrade (grau ouro) da Universidade Federal do Maranhão, o Professor Williams foi durante cinco anos o chefe do programa interuniversitário ISP, um consórcio de 15 universidades norte-americanas que envia alunos à Universidade de São Paulo. Em 1996 foi diretor do centro de estudos da Universidade da Califórnia na Pontifícia Universidade Católica do Rio de Janeiro. Além das muitas viagens acadêmicas feitas ao Brasil com fins de pesquisa e ensino, durante os anos de 1991 a 1993 ele e sua família moraram em São Paulo onde serviu como presidente da Missão São Paulo Interlagos de A Igreja de Jesus Cristo dos Santos dos Últimos Dias (Mórmon).

Em 1999, depois de 27 anos ensinando na Universidade da Califórnia, o Professor Williams passou a integrar o corpo docente do Departamento de Espanhol e Português da Universidade de Brigham Young, onde lhe foi outorgada a Cadeira Literária Gerrit de Jong Jr. em Estudos Luso-Brasileiros.

Notes on the Translator

Frederick G. Williams (1940–) was awarded a B.A. in Hispanic civilization from Brigham Young University in 1965 and an M.A. in 1967 and Ph.D. in 1971 in Luso-Brazilian literatures from the University of Wisconsin. He began his academic career as an assistant professor at UCLA, where he taught for two years before joining the faculty at the University of California, Santa Barbara in 1974. In addition to serving for six years as chairman of the Department of Spanish and Portuguese, he helped establish and was the first director of the Portuguese Studies Center at UCSB, which was endowed by a generous grant from the Calouste Gulbenkian Foundation of Lisbon.

He has published two volumes of his own poetry and is the author of numerous articles and of eleven volumes in the field of Portuguese, which include major studies on such figures as Luís de Camões, Antônio Vieira, Graciliano Ramos, Carlos Drummond de Andrade, and Jorge de Sena. His translations include a volume by Portuguese poet Jorge de Sena and another by Goan poet José Rangel. But it was his research on Brazilian poet Sousândrade that first brought him national attention in Brazil. His book *Sousândrade: Vida e Obra* and two additional volumes coedited with Jomar Moraes, *Sousândrade: Inéditos* and *Sousândrade: Prosa*, (now reedited in a single volume entitled *Poesia e prosa reunidas de Sousândrade*, 2003) led to his being awarded the Merit of Timbira medal by the governor of the State of Maranhão and to the granting of Honorary Citizenship of São Luís by the president of the city council. A correspondent member of the Maranhão Academy of Letters since 1975, and a recipient of the Souzândrade Gold Medal awarded by the rector of the Federal University of Maranhão in 1988, Professor Williams was for five years the chairman of the Interuniversity Study Program, a consortium of some fifteen American universities who send students to study at the University of São Paulo each year. In 1996 he became the director of the University of California study center at the Pontifical Catholic University in Rio de Janeiro. In addition to his many academic trips to Brazil to do research and to teach, from 1991 to 1993 he and his family lived in São Paulo where he served as the president of the São Paulo Interlagos Mission of The Church of Jesus Christ of Latter-day Saints.

After twenty-seven years teaching at the University of California, Professor Williams joined the faculty of Brigham Young University in the Department of Spanish and Portuguese in 1999, where he was named the Gerrit de Jong Jr. Distinguished Professor in Luso-Brazilian Studies.

Índice do título

Title Index

Índice dos Poetas/Poet Index